Você é o milagre

50 lições que
podem transformar
sua vida

REGINA BRETT

Você é o milagre

50 lições que podem transformar sua vida

Tradução
Books & Ideas

Academia

Título original: *Be the miracle – 50 lessons for making the impossible possible*

Preparação: Renan Camilo
Revisão: Cátia de Almeida
Diagramação: Desígnios Editoriais
Capa: Morais

CIP-BRASIL. CATALOGAÇÃO NA FONTE
SINDICATO NACIONAL DOS EDITORES DE LIVROS, RJ

B853v

Brett, Regina
Você é o milagre : [50 lições que vão transformar sua vida] / Regina Brett ; [tradução Books & Ideas]. - São Paulo : Planeta, 2013.
304 p.

Tradução de: Be the miracle : 50 lessons for making the impossible possible
ISBN 978-85-422-0104-8

1. Bondade. 2. Possibilidade. 3. Milagres. I. Título.

13-0830 CDD: 158
CDU: 159.947

2013

EDITORA PLANETA DO BRASIL LTDA.
Avenida Francisco Matarazzo, 1500 – 3º andar – conj. 32B
Edifício New York – 05001-100 – São Paulo-SP
www.editoraplaneta.com.br
atendimento@editoraplaneta.com.br

Para Gabrielle,
meu primeiro milagre.

Sumário

Introdução

Cruzamos com operadores de milagres todos os dias.

Na maior parte do tempo, eles estão disfarçados de pessoas comuns: professores, cabeleireiras, enfermeiros, secretárias, caixas de supermercado, motoristas de táxi e outras profissões.

Nunca me esqueço do dia em que eu estava estressada e parei para pagar o estacionamento. Nesses lugares, em geral você chega, a pessoa coloca a mão para fora de uma pequena cabine, pega seu dinheiro, depois entrega o troco e você vai embora. Os olhos nunca se encontram e ninguém vai se lembrar desse momento.

Nesse dia, porém, o atendente se levantou, colocou a cabeça para fora da cabine e abriu o maior sorriso. Olhando-me nos olhos, ele me cumprimentou, apertou minha mão e me deu uma bênção antes de eu ir embora. Contou que adorava seu trabalho e entendia que sua missão era abençoar as pessoas quando elas passavam pelo estacionamento, antes de prosseguirem suas vidas. No que eu enxergava um mero coletor de dinheiro, ele via uma missão de vida. Esse gesto fez com que eu me sentisse renovada e calma.

Todos nós já vivenciamos situações como essa. Elas acontecem quando você se depara com pessoas que sabem que todo mundo é importante, que não é preciso ser rico para fazer a diferença, que você simplesmente pode começar por onde está e engrandecer o bem.

É muito fácil nos sentirmos sobrecarregados por todos os problemas do mundo. Quantas vezes você ouviu alguém dizer: "Por que ninguém faz algo em relação a isso?". Ou essas palavras saem da sua própria boca, assim como já saíram da minha. Ouvimos uma notícia ruim e sussurramos: "Seria preciso um milagre para resolver isso". Então esperamos, esperamos e esperamos que outra pessoa seja esse milagre.

Queremos ver os outros agirem. No entanto, milagre não é o que as outras pessoas fazem – é o que cada um de nós faz. Milagre é o que acontece quando pessoas comuns realizam coisas extraordinárias. E isso não significa resolver os problemas do mundo. Significa fazer a diferença em sua própria sala de estar, em seu ambiente de trabalho, em seu bairro ou sua comunidade.

Durante os últimos 26 anos, tive o privilégio de ser colunista do jornal *Plain Dealer*, de Cleveland, nos Estados Unidos, e antes disso fui repórter do *Beacon Journal*, em Akron. Estou na primeira fila do espetáculo da vida, sempre participando. Pessoas comuns de todos os tipos abriram o coração e compartilharam comigo como elas transformaram o impossível em possível. Neste livro, você vai encontrar essas pessoas, pois alguns textos que estão aqui foram originalmente publicados nos referidos jornais.

Minha luta contra o câncer inspirou meu primeiro livro, *Deus nunca dorme – 50 lições para lidar com os contratempos da vida*. Escrevi essas primeiras 50 lições por gratidão, pelo fato de ter sobrevivido e conseguido passar dos 50. Há 13 anos, quando fiquei careca devido à quimioterapia e fraca por causa da radioterapia, eu não sabia se conseguiria envelhecer. Ao longo do caminho, conheci inúmeros sobreviventes de câncer que me ensinaram a me ocupar do possível, independentemente do prognóstico.

Essas 50 lições rodaram o planeta – primeiro como coluna no jornal, depois por encaminhamento de mensagens de e-mail e em seguida na forma de livro. Presidentes de empresas, pastores, juízes e assistentes sociais as citaram. Elas foram reimpressas em centenas de newsletters, boletins de igrejas e jornais de pequenas cidades. Pessoas carregam a lista das 50 lições em suas carteiras, penduram em seus espaços de trabalho e prendem com ímãs na geladeira.

Uma vez me disseram que as pessoas leem essas lições para saber que não estão sozinhas. Espero que estes novos ensaios e histórias reflitam verdades particulares que também sejam universais para todos. E espero que este livro o ajude a se aceitar como é, e que ele o desafie a dar o melhor de si para tornar algo possível.

Nós não podemos fazer tudo, e, mesmo assim, aquilo que podemos fazer não é feito com perfeição, mas tudo bem. Tudo o que temos de fazer é começar – aqui, agora. Se conseguirmos apenas isso, já estaremos fazendo toda a diferença no mundo.

LIÇÃO

1

Comece por onde você está

Há um antigo provérbio que diz: "Se você pensa que é pequeno demais para fazer a diferença, tente dormir com um mosquito".

Sempre que ouço isso, meus ouvidos se contraem, e penso em como um inseto tão insignificante é capaz de me manter acordada a noite inteira e irritada durante o dia todo. Na verdade, todos nós somos pequenos ou grandes o bastante ou, então, do tamanho que for necessário para fazer a diferença.

Certa vez, na época em que eu era repórter de um jornal na cidade de Akron, em Ohio, fui incumbida de cobrir a história de uma pequena menina que fora sequestrada em um dia de setembro. Jessica Repp tinha somente nove anos na tarde daquela segunda-feira em que saiu de casa andando em sua bicicleta cor-de-rosa. A apenas duas quadras de sua casa, um homem encostou o carro e perguntou se ela conhecia alguém no bairro. Ele, então, saiu do automóvel, abriu o porta-malas e fingiu que estava pegando alguma coisa. De repente, agarrou Jessica na calçada, jogou-a dentro do porta-malas e fugiu.

O pai de Jessica telefonou à redação do *Beacon Journal* pedindo para que fizéssemos uma matéria sobre sua filha desaparecida. Ele ligou tarde e já não havia tempo para escrever algo além das poucas coisas que ele sabia e de uma descrição geral da menina. A polícia ainda não podia confirmar nenhum detalhe da investigação por se tratar de um fato muito recente. Ou seja, não havia muitas informações disponíveis. Isso foi antes dos Alertas Amber[1] e dos canais de notícias 24 horas em infinitas redes de televisão a cabo. Naquele dia, uma de nossas repórteres, Sheryl Harris, ficou até mais tarde no trabalho para tentar obter todas as informações possíveis sobre o pai. Ela fez um esforço a mais para assegurar que saísse uma foto da menina na edição do jornal no dia seguinte. Sheryl mal teve tempo de escrever algo além da descrição da garota de cabelos louros e camisetinha rosa.

Jessica continuava desaparecida 24 horas depois. Mas a notícia já havia se espalhado por toda a imprensa. Fiquei em frente à casa dela com uma horda de repórteres enquanto esperávamos pela má notícia que inevitavelmente viria. Segundo os policiais, depois que uma criança passa 24 horas desaparecida, ela não volta mais. Pastores entravam e saíam da casa junto de vizinhos e pessoas da igreja. O clima era de funeral.

Você consegue se imaginar no lugar dos pais de uma criança desaparecida? Passar a noite rezando ao lado do telefone, à espera de que cada ligação traga a notícia de um milagre? A mãe, o pai, a irmã e o irmão de Jessica ficaram acordados por causa

---

1 Programa de alerta de sequestro de crianças nos Estados Unidos. (N.T.)

dos helicópteros da polícia que sobrevoavam a área em busca do corpo. Policiais a cavalo percorreram as plantações de milho em busca dos restos mortais da criança e, além do xerife, agentes do FBI e dezenas de policiais estavam espalhados por todo o bairro. Alguns deles chegaram a pegar um barco para fazer buscas nos lagos da região. Cães farejadores cheiraram o ursinho de pelúcia favorito de Jessica e tentavam rastrear o cheiro da menina desaparecida.

Um garoto solitário caminhava para cima e para baixo na rua, indo e voltando até o carro do xerife estacionado ali perto. Era Jonathan, o irmão de Jessica, de 13 anos. Ele ficava perguntando se encontrariam sua irmãzinha. Seus olhos estavam vermelhos de tanto chorar, de passar a noite toda acordado, rezando para que, quando olhasse a cama dela, a encontrasse ali, segura e dormindo.

Enquanto eu acompanhava o trabalho da polícia ao meu redor, rezei por ela e por sua família. Estava na calçada em frente a casa quando de repente pareceu que todos gritavam.

A polícia havia encontrado Jessica.

Ela estava viva.

A mãe, a irmã, o irmão e todos que estavam na casa saíram chorando e agradecendo a Deus. Quando recebeu a notícia, o pai da menina estava tirando mais cópias da fotografia dela. Ele largou tudo e saiu correndo para o hospital.

Os repórteres também correram para lá. A polícia não sabia o que havia acontecido com a menina. Quando pediram detalhes, ela começou a chorar.

O que aconteceu foi que o sequestrador foi com a menina até uma loja da rede Dairy Mart, em Barberton, por volta das cinco horas da manhã. Um balconista da loja de conveniência – que ocupa um dos degraus mais baixos na escada da vida profissional – esperava por algum cliente quando um homem entrou na loja com uma menina que parecia assustada. O balconista olhou para a menina e depois olhou para a foto de Jessica Repp na matéria que Sheryl havia escrito no jornal. Era ela. O rapaz, então, ligou para a polícia.

O balconista da loja de conveniência salvou a vida da menina. Ele identificou o sequestrador, que já havia ido à loja como cliente. Algum tempo depois, o funcionário de um posto de gasolina ligou para a polícia por causa de um homem que se comportava de maneira esquisita. A gravação da câmera da loja confirmou que era o sequestrador, o qual tinha parado para comprar cigarros. Pouco antes das 11 horas da manhã, a polícia encontrou seu carro em um estacionamento. A menina estava sentada ao lado dele.

De acordo com a polícia, o homem tinha um histórico de problemas mentais sem tratamento e comportamento errático. O mais provável é que ele logo entraria em pânico e mataria a menina.

Anos mais tarde, minha amiga Sheryl ganhou o Pulitzer – maior prêmio que um jornalista pode ganhar nos Estados Unidos – pelo trabalho em uma série de reportagens sobre relações raciais. Sheryl nem se lembrava de ter escrito a breve matéria sobre Jessica Repp. Era uma coisa pequena demais para fazer alguma diferença em sua carreira. A história não rendeu a ela nenhum prêmio jornalístico, mas eu sempre penso que ela fez mais do que isso. Foi um jornalismo capaz de salvar uma vida.

A matéria mais importante que ela escreveu foi provavelmente uma das menores. Nem deve ter saído com o nome dela, eu não me lembro. Mas ajudou a salvar a vida de uma criança.

Nunca soube o que aconteceu com o funcionário do posto de gasolina ou com o balconista da loja de conveniência – o primeiro a afirmar ter visto a menina e o sequestrador. Muitas vezes, esses trabalhadores são pessoas anônimas para as quais nem mesmo olhamos quando vamos comprar um litro de leite, um maço de cigarros ou abastecer o carro. Mas essa história mudou a maneira como olho para aqueles por quem passo todos os dias e desempenham funções que a maioria de nós não deseja. Esses profissionais me ensinaram que ninguém é pequeno demais para fazer a diferença.

Se você quer mudar o mundo de modo grandioso, cumpra suas tarefas com mais amor, mais atenção, mais paixão. Simplesmente abrace seu trabalho, sua família, seu bairro e a tarefa que lhe foi destinada.

Você nunca sabe o que pode acontecer quando age em relação às possibilidades que estão bem a sua frente. Ao começar pelo ponto onde você está, é possível sair simplesmente para vender leite, cigarro ou gasolina. Ou para salvar uma vida.

LIÇÃO 2

Ocupe-se do possível

O impossível pode começar com uma coisa tão pequena quanto um nódulo.

Durante anos permaneci atenta ao alerta: faça mensalmente o autoexame das mamas. Como a maioria das mulheres, eu o fazia com uma certa frequência, alguns meses sim, outros não, sempre com um toque rápido, mas nunca da maneira mais detalhista como os médicos orientavam. Eu não queria descobrir um problema, pois ao procurá-lo você o encontra. Procurar um câncer é perturbador. Graças a Deus eu o procurei.

Certa noite, ao percorrer o contorno do meu seio com as pontas dos dedos, eles pararam em um ponto. Há quanto tempo aquele nódulo estava ali? Provavelmente não era nada, mas não foi a última vez que eu o examinei. Aquele "nada" se mostrou um câncer de mama em estágio 2 de desenvolvimento. O cirurgião removeu um tumor do tamanho de uma uva.

Quando você ouve a palavra *câncer*, é como se alguém pegasse o jogo da vida e o lançasse no ar. Todos os pedaços saem voando e caem em um novo tabuleiro. Tudo está mudado. Você não sabe por onde começar. O medo diminui quando você consegue entrar em ação, quando você começa a se ocupar do possível.

Antes de iniciar a quimioterapia, coloquei no papel os melhores conselhos que recebi de médicos, familiares, amigos, livros e sobreviventes e criei uma espécie de "manual do proprietário" para ajudar a cuidar de mim mesma, e para me fazer lembrar de que o câncer pode ser combatido. Organizei um plano para me submeter a quatro meses de quimioterapia e a seis semanas de radioterapia, aplicada diariamente. Meu manual começava com um voto de sobrevivência:

> Eu, Regina, prometo ficar bem. Prometo participar de meu tratamento, mesmo que isso implique mudanças físicas, emocionais e mentais temporárias em minha vida. Prometo cumpri-lo e não olhar para trás. Prometo fazer tudo o que estiver ao meu alcance para me curar e sobreviver.

Quando se tem câncer, é como se você vivesse em um novo fuso horário: o Fuso do Câncer. No Trópico de Câncer tudo gira em torno de sua saúde e de sua doença. Eu não queria que toda a minha vida girasse em torno do câncer. Primeiro a vida, depois o câncer. Então elaborei um plano de atuação: celebrar a vida enquanto eu lutava contra o câncer. Desfrutar o tempo com todas as pessoas que amo, ler todos os livros da minha lista de leitura, ver todos os filmes que queria ver e ainda não tinha conseguido e comprar o piano que sempre quis ter. A ideia era manter minha vida intacta o máximo possível: escrever minha coluna no jornal, jogar vôlei, dar minhas aulas de redação.

Na manhã do primeiro dia de quimioterapia, coloquei em minha mochila uma garrafinha de água, meu manual, um bloco de anotações, canetas, doces, um CD player, CDs, fones de ouvido e livros. A sessão duraria apenas uma ou duas horas, mas eu estava pronta para qualquer coisa. Deitei-me como se estivesse em uma cadeira de praia, ajustei os fones nos ouvidos e fiquei ouvindo Louis Armstrong cantando "I see trees of green, red roses, too, I see them bloom, for me and you. And I think to myself, what a wonderful world".[2]

E o mundo era realmente maravilhoso, apesar da sensação de ele ter girado em torno do câncer por um ano. Quanto tive câncer de mama em 1998, não existia em minha região nenhum grupo de apoio que não fosse pago ou conveniado. Cada hospital contava com seu próprio programa, mas não havia nenhuma espécie de lugar central onde os sobreviventes pudessem experimentar ioga, massagens, reiki, exercícios, aconselhamento e outros tipos de ajuda holística.

Um ano após o início de minha recuperação, Eileen Saffran apareceu em minha vida. Ela tinha um sonho: queria criar um centro onde qualquer pessoa afetada pelo câncer pudesse obter gratuitamente todo o suporte necessário. Sentei-me a uma mesa ao lado de dezenas de pessoas que ela havia convidado para a primeira reunião de planejamento. O sonho dela parecia grandioso demais, muito amplo, muito impossível. Eu duvidava da possibilidade de ele se tornar realidade, então me afastei.

---

2 Eu vejo o verde das árvores, e o vermelho das rosas, e as vejo desabrochar, para você e para mim. E penso comigo: como o mundo é maravilhoso. (N.T.)

Ainda estava fraca por causa da radioterapia e dos efeitos prolongados da quimioterapia e não conseguia visualizar como seu plano poderia ser colocado em prática.

Eileen era uma assistente social clínica cujos pais receberam diagnóstico de câncer com apenas seis meses de diferença um do outro. O pai teve câncer no pulmão; a mãe, um linfoma não Hodgkin. Ambos morreram em um intervalo de três anos. Acompanhá-los durante o tratamento a fez perceber que as pessoas precisavam de um lugar onde pudessem buscar ajuda. Eileen teve a ideia de um centro que não tivesse cheiro, ambiente e aparência de hospital. Um lugar em que as pessoas não precisassem ter convênio médico para receber aconselhamento nem indicação de um médico para uma massagem. Um lugar onde qualquer pessoa afetada pelo câncer pudesse obter serviços de apoio e onde ninguém se sentisse sozinho.

Eileen trabalhava com pacientes de oncologia e psicologia. Ela reuniu um grupo de aconselhamento, encontrou-se com especialistas em câncer e organizações, pesquisou centros de bem-estar em todo o país e lançou o site www.touchedbycancer.org. Um ano e meio após a primeira reunião, inaugurou o Gathering Place (Ponto de Encontro). Nunca pude imaginar que ela conseguiria abri-lo e fazê-lo funcionar. Como ela conseguiu?

"Ingenuidade otimista", admitiu ela.

Quando visitei pela primeira vez o Ponto de Encontro, lembrei-me de um trecho de *Alice no País das Maravilhas* em que a garotinha diz: "É inútil tentar; não se deve acreditar em coisas impossíveis". Diante dessa afirmação, a Rainha Branca responde: "Ouso dizer que você não tem muita prática. Quando tinha sua idade, sempre fazia isso durante meia hora todos os dias. Porque, às vezes, eu acreditava em até seis coisas impossíveis antes mesmo do café da manhã".

Se você quer realizar o impossível, ocupe-se do possível.

Eileen criou a Suíça do cuidado à saúde. Trata-se de um centro comunitário, independente e autossuficiente, de cuidados com o câncer. Não existem disputas territoriais entre hospitais. Não importa onde a pessoa recebeu tratamento médico. Todos são bem-vindos. Os serviços são gratuitos para qualquer pessoa com câncer. O centro oferece massagens, cura energética, aconselhamento, tai chi chuan, ioga, programas de nutrição, aulas de ginástica e grupos de apoio para praticamente todos os tipos de câncer. Há grupos dedicados a ensinar como seguir em frente, a ter uma aparência melhor, a encontrar paz interior, além de programas sobre perdão, carinho e comida saudável. Um bibliotecário médico oferece consultas sobre receitas médicas, exames clínicos e tratamentos contra o câncer. Advogados voluntários escrevem testamentos em vida e ajudam com o planejamento patrimonial.

É um lugar de cura e esperança, no qual ninguém pede seu cartão do convênio. Um lugar que não se parece com um hospital. Não há injeções, exames de sangue, tratamentos médicos nem outros testes. Parece-se mais a uma casa com lareira, quadros nas paredes e móveis aconchegantes. Tudo foi doado por indivíduos e organizações.

O Ponto de Encontro começou em 2000 com uma pequena fachada e um espaço de 560 metros quadrados. Hoje tem o dobro do espaço, e seu orçamento operacional passou de 360 mil para 1,8 milhão de dólares por ano. O prédio já está pago e se sustenta com a contribuição de indivíduos e organizações, além de contar com o trabalho de 350 voluntários.

Onde antes havia apenas uma pilha de sujeira, hoje há um bonito jardim com fontes e quedas-d'água, entalhes nas pedras e espaço para os passarinhos comerem. O ambiente faz lembrar que o mundo é um lugar maravilhoso, mesmo que você esteja lutando contra o câncer ou ajudando alguém que ama a enfrentar a doença.

Ainda não há cura para o câncer, mas pessoas como Eileen curam o medo da doença oferecendo esperança. Todos nós podemos. Podemos conseguir isso ocupando-nos do possível, não importa quanto pareça impossível.

LIÇÃO 3

Você pode fazer uma grande diferença, não importa quão pequena seja sua atitude

Em meu trabalho como jornalista, começaram a me chamar de assistente social, porque eu sempre queria ajudar demais as pessoas. E isso não é nenhuma ofensa, sobretudo quando me lembro de tudo que os assistentes sociais fazem para aplacar a dor, ajudar os perdidos, os solitários e os esquecidos.

Alguns anos atrás, quando me pediram para fazer o discurso inaugural da Escola Mandel de Ciências Sociais Aplicadas, na Universidade de Case Western Reserve, em Cleveland, eu não sabia exatamente que mensagem transmitir. Antes de falar aos estudantes, conversei com todos os meus amigos que trabalhavam como assistentes sociais e pedi para me ajudarem com o que eu deveria dizer. Eles me aconselharam a ser divertida. Assistentes sociais iriam gostar de dar uma boa risada. "Conte piadas", disseram.

Piadas? Eu não conhecia nenhuma piada sobre assistentes sociais, a não ser as que meus amigos me enviavam:

Quantos assistentes sociais são necessários para trocar uma lâmpada?
Nenhum. Eles fazem a lâmpada se trocar sozinha.

Quantos assistentes sociais são necessários para trocar uma lâmpada?
Nenhum. A lâmpada não queimou. Ela só está acesa de um jeito diferente.

Quantos assistentes sociais são necessários para trocar uma lâmpada?
Nenhum. Eles montam uma equipe para escrever um estudo sobre como lidar com a escuridão.

E a minha favorita:

Quantos assistentes sociais são necessários para trocar uma lâmpada?
A lâmpada não precisa ser trocada. É o sistema que precisa mudar.

Eles também me contaram a história do assaltante armado que aborda um assistente social. O assaltante grita: "Passa a grana ou morre". E o assistente social responde: "Desculpe, mas sou assistente social. Então não tenho dinheiro… nem vida".

O mesmo poderia valer para policiais, enfermeiras, professores e tantos outros profissionais que se encontram nas linhas de frente da vida. Eles são muito importantes, apesar de ganharem tão pouco. Eles não ganham bem. Ou ganham?

O poeta Taylor Mali me fez mudar de ideia. Suas poderosas palavras sobre o trabalho dos professores chegaram ao mundo inteiro, repassadas por e-mail. Ele me inspirou a repensar o trabalho dos assistentes sociais.

O salário dos professores não corresponde aos seus méritos. Você não vê professores se vangloriando do quanto ganham nem passando férias em casas de praia ou no sul da França. Os salários e as bonificações são provavelmente patéticos se confrontados com as incontáveis horas e a paixão aplicada no planejamento das aulas, nas correções de provas, nas conversas com os alunos e nos diálogos com os pais.

Mali enfatiza a importância dos professores em inspirar as crianças a se dedicarem mais do que qualquer um poderia imaginar possível. Se elas deram o melhor de si, o professor é capaz de fazer com que uma nota 6 tenha o mesmo valor de uma medalha de honra. No entanto, ele também é capaz de fazer um 9,5 parecer um zero se sabe que a criança poderia ter se dedicado mais. Os professores têm o poder de fazer os pais tremerem de medo em uma reunião escolar ou em um telefonema de acompanhamento.

Mali me fez lembrar do senhor Ricco, meu professor de inglês no nono ano. Ele podia ter estudado qualquer coisa, podia estar em qualquer outro lugar. Amava ópera, poesia e bons vinhos. Mas lá estava ele, dando aulas de inglês para alunos rudes do nono ano da Brown Junior High, em Ravenna, Ohio, e os ensinando a escrever um parágrafo bom e decente.

Recordo-me também do senhor Maske, regente do coro da escola. Quando estou no banho, de vez em quando me pego cantarolando o tema principal do filme *Amor, sublime amor* que ele me ensinou. Eu invejava a melodia das sopranos, mas ele me mostrou que todas as partes eram importantes – até mesmo as pequenas participações. Eu não acreditava nele até o dia em que nos amontoamos nos degraus do auditório. E não é que parecíamos tão bons quanto o Mormon Tabernacle Choir? Sempre que ouço "The Battle Hymn of the Republic", vejo as mãos do professor em movimento no ar, misturando nossas vozes vacilantes e as transformando em uma bela canção.

Também havia o senhor Roberto, professor de ciências, que toda semana me dizia: "Não existe almoço grátis, Brett". Ele usava nossos sobrenomes como se fossem os pontos-finais de cada frase pronunciada. Ele era nosso sargento particular do Corpo de Fuzileiros Navais. Era por causa dele que eu reciclava e levantava as pedras nas margens de um riacho para ver o que rastejava embaixo. Era por causa dele que eu podava as plantas, para que elas crescessem mais frondosas, e era por causa dele que eu queria ser guarda-florestal.

Houve muitos outros professores de cujos nomes não me lembro, mas as marcas que deixaram em mim jamais serão esquecidas. Graças aos professores eu sei controlar o talão de cheques, calcular juros compostos e estimar quanta tinta é necessária para pintar um quarto de 15 metros quadrados. Por influência de outro professor eu simplesmente AMO ler e, quando se ama a leitura, o mundo inteiro se abre para você.

Muita gente faz isso em suas profissões. Elas abrem as portas para o mundo. Infelizmente, a maioria delas está na parte de baixo da hierarquia salarial. E isso me leva de volta ao humilde trabalho do assistente social.

Os assistentes sociais, assim como os professores, não ganham bem. Ou ganham?

O que eles ganham?

Eles conseguem fazer com que um casal que não pode ter filhos comemore incontáveis Dias das Mães e dos Pais ao ajudar na adoção de uma criança do mundo do crack que ninguém mais quer.

Eles conseguem fazer uma criança dormir todas as noites sem temer um pai violento.

Eles fazem um adolescente parar de se autoflagelar.

Eles ajudam uma mulher a encontrar coragem para abandonar o parceiro violento.

Eles fazem um menino com síndrome de Down se sentir a criança mais inteligente do ônibus.

O que eles fazem?

Eles fazem uma criança de dez anos acreditar que é amada e querida independentemente de quanto tempo ela fique no orfanato.

Eles ensinam um pai adolescente a contar até dez e sair do quarto para não sacudir seu filho recém-nascido que não para de chorar.

Eles fazem um homem com esquizofrenia superar seus demônios.

Eles são capazes de fazer uma vítima de estupro falar sobre o assunto pela primeira vez depois de anos.

Eles ajudam um ex-presidiário a abandonar a bebida e se firmar em um emprego.

Do que mais eles são capazes?

Eles ajudam um casal a se comunicar melhor e desistir do divórcio.

Eles ensinam um paciente terminal de câncer a ficar em paz com seu passado, com seu breve futuro e com seu Deus.

Eles confortam um homem cuja esposa tem Alzheimer e o ajudam a lembrar dos bons tempos, na época em que ela ainda se lembrava dele.

Eles ajudam a confortar pessoas sozinhas, a fazer com que pessoas não tão belas se sintam bonitas, a garantir que pessoas em estado de confusão se encontrem e que pessoas "despedaçadas" se sintam inteiras.

O que eles fazem?

O que Mali disse dos professores também vale para os assistentes sociais. Eles fazem mais do que a maioria das outras pessoas jamais fará.

Eles fazem a diferença.

LIÇÃO 4

Engrandeça o lado bom

Eles carregam os rótulos que o mundo lhes deu – vagabundos, perdedores, trapaceiros, alcoólatras, prostitutas. Até que eles conhecem Larry Petrus e descobrem que todos esses rótulos estão errados.

Poucas pessoas que entram no Centro Católico West Side de Cleveland conseguem causar uma boa impressão. Elas lidam com sua raiva, murmuram pedidos de dinheiro, rescendem ao vinho barato da noite anterior, usam roupas que não são lavadas há semanas.

Larry, que tinha 76 anos quando o conheci, não via nada disso logo que se voluntariou no centro para trabalhar nas manhãs de terça e quinta-feira. Ele não tem uma visão cristalina quando olha para as pessoas pobres. Não enxerga a sujeira, o fracasso, a vergonha.

Ele coloca seus óculos bifocais diante dos olhos azul-acinzentados e fica ali, face a face com os verdadeiros filhos e filhas de Deus.

"Eu começo com o que Deus pensa sobre eles", diz Larry. "Deus não se arrepende de nenhuma de Suas criações."

Quando iniciou o trabalho voluntário, há mais de dez anos, ele separava roupas. Então, um dia alguém lhe pediu ajuda para elaborar um currículo. Não demorou muito para todo mundo pedir a mesma coisa. Ele começou a ser chamado de o "Homem dos Currículos". Fizeram até um cartaz orientando as pessoas a procurar Larry caso precisassem de um currículo.

"O currículo é como um rótulo em uma embalagem. Ela diz aos outros o que aquela pessoa é, o que há ali dentro e o que ela tem a oferecer", contou o voluntário em um tom de voz tão baixo que precisei me inclinar para conseguir ouvi-lo.

O homem de cabelos brancos e finos como os de um bebê, de sobrancelhas negras que parecem grossos pontos de interrogação, não está ali para escrever onde e quando a pessoa trabalhou. Ele faz perguntas mais profundas: "O que você conquistou lá? Quais são seus sonhos? Suas esperanças? Seus passatempos?".

"Há sempre alguma coisa oculta na vida dessas pessoas que ninguém nunca pergunta", explica.

Larry nunca pergunta como ou por que a pessoa acabou pobre. "A sociedade já faz com que essas pessoas se sintam suficientemente culpadas", afirma. Ele ouve com atenção, como um padre, a qualquer coisa que as pessoas sintam necessidade de confessar, oferecendo-lhes a absolvição em cada abraço.

Ele se inclina, apoia os cotovelos no jeans desbotado e conta sobre a mulher que bebia desde pequena e hoje está casada e sóbria. "Você não acreditaria nas histórias de prostituição, incesto, violência. É possível ver os olhos roxos e as mandíbulas quebradas."

Larry não desiste de ninguém. Ele acredita que, "enquanto houver vida, haverá esperança".

Larry diz a essas pessoas como elas são boas e as orienta a ser o que Deus pensa que elas são. Ele recolhe os pedaços que essas pessoas perderam pelo caminho. Um homem de 45 anos havia trabalhado apenas em serviços humildes, limpando o campo do estádio do Cleveland Indians, lavando pratos ou como ajudante de garçom. Larry descobriu que ele havia cursado faculdade e queria ser professor, então, na parte de Objetivo Pessoal, escreveu: "Quero continuar o trabalho acadêmico e seguir a carreira de professor".

Ele descobriu também outro homem que havia trabalhado como voluntário em um refeitório popular, e não deixou de acrescentar isso ao currículo. Outro havia trabalhado em uma lavanderia e supervisionado dez funcionários. Larry o ensinou a dizer "eu era responsável por", em vez de somente "eu trabalhei para".

Larry não se limitava a escrever que a pessoa teve um emprego de operadora de máquina de perfuração. Ele mencionava que o profissional fazia 500 perfurações por hora, que a prensa pesava 600 toneladas e que os turnos de trabalho eram de 12 horas. "Todas as habilidades!", diz Larry, empolgado com cada pepita de ouro que encontra nos currículos.

Vendedor aposentado de uma indústria de porcas e parafusos, Larry leva suas anotações para casa, faz cópias do currículo e as coloca em uma pasta bonita. Quando termina, sua recompensa é o olhar de uma pessoa que diz: "Uau! Eu realmente sou alguém. Tenho algo a oferecer".

"Eu os ajudo a sonhar sobre quem eles podem ser, e não a ficar acomodados onde estão. Tento transmitir esperança", afirma. "E é de graça."

Ele encontra o valor oculto por trás de cada alma que atravessa a porta do centro, porque treinou para conseguir enxergar. Quando você olha o lado bom das pessoas, não depara apenas com o lado bom, mas também o amplifica. Ele me lembrou de uma passagem bíblica na qual Maria descobre que está grávida. "A minha alma engrandece ao Senhor."

Minha alma tem o péssimo hábito de engrandecer o que não é tão bom. Muitas vezes, concentro minhas lentes interiores de aumento em um comentário maldoso feito por um estranho, e isso cresce. Ou levo essas lentes para o passado, lembrando-me de uma professora que zombou de mim no terceiro ano, ou de amigos que me decepcionaram na escola, e as feridas se aprofundam ainda mais. Outras vezes, coloco isso no futuro e nas infinitas correntes de medo, ansiedade e preocupação, que se transformam em um rio que me arrasta para longe.

Como fazer com que sua alma realmente engrandeça a Deus? E se você visse o bem em tudo e Deus em todo mundo, como Larry faz?

Para isso, durante todos os dias, a cada minuto, você precisaria andar com uma lente de aumento especial. Onde a focasse, você veria Deus.

Imagine-se observando Deus no seu chefe. Na mulher do escritório ao lado. No motorista que cruza com você na estrada. No vizinho que não apara a grama. No vendedor de doces gritando no metrô.

Imagine-se enxergando apenas o lado bom em seu cônjuge. No marido que ronca alto demais e não abaixa a tampa do vaso sanitário. Na esposa que implica com tudo e fala tanto que não tem tempo de ouvir.

Imagine-se enxergando somente o lado bom em seus filhos. Na criança que faz escândalo em frente à gôndola de doces. Na menina de dez anos que não quer arrumar o quarto. No jovem que bateu o carro quando o dirigia escondido.

Imagine-se vendo Deus no diagnóstico de câncer que acabou de receber, na carta de demissão. No exame de gravidez que deu positivo... ou negativo.

E se você focar suas lentes de aumento no lado bom de tudo que parece morto em sua vida, no casamento do qual você quer desistir, no emprego que o chateia, na família que o deixa frustrado, na pessoa que você vê no espelho?

Tudo que olho com a lente de aumento fica maior.

Cabe a mim decidir para onde direcionar as lentes.

LIÇÃO
5

Dê o melhor de si e esqueça o resto – talvez ainda seja cedo demais para saber

Graças a uma professora, a pior coluna de jornal que já escrevi acabou se transformando em uma das melhores.

Jo Anne Hollis foi eleita a melhor educadora do ano na escola vocacional da cidade onde nasci. Ela adorava ensinar economia doméstica a alunos com dificuldade de aprendizagem e múltiplas deficiências, distinguindo neles a promessa que ninguém mais enxergava. Sua especialidade era fazer com que as pessoas se sentissem importantes. Jo Anne vivia o estágio terminal de um câncer quando a entrevistei, alguns dias antes da Páscoa, para uma coluna que seria publicada no domingo daquela semana.

Um dia depois da entrevista, escrevi uma coluna para a quinta-feira que se revelou uma das piores que eu já havia registrado. Tentei ser engraçada e não consegui. Era o melhor que eu podia fazer em um dia no qual minha fonte de inspiração estava esgotada.

Escrevi uma coluna inteira falando como a Páscoa era o feriado mais horrível do calendário. Eis um trecho da coluna intitulada "Banquetes de Páscoa podem deixá-lo maluco":

> No que diz respeito aos corantes, é tanto exagero a ponto de fazer o coelhinho da Páscoa vomitar. Todo fabricante de doces acha que os consumidores compram suas iguarias por causa da cor – quanto mais reluzente melhor. O rosa pepto bismol é a cor mais sombria, com o violeta vilão em segundo lugar.
>
> E por que tudo tem de um formato oval? Quem decidiu isso? Com certeza, não foi o coelhinho da Páscoa. O ovo em si é algo totalmente repugnante, e só é bom quando mexido.
>
> E os ovos azuis dos pintarroxos? Eles estão por aí desde que o mundo é mundo. Mas que criança comeria um ovo de pintarroxo? E que pai permitiria isso?
>
> Coelhos de chocolate ainda estão entre os mais vendidos, mas é preciso ter sorte para encontrar um que não pareça ter saído de um museu de cera. Se você pensa que sou a única pessoa cansada dessa coisa dos doces, espere até chegar domingo. Não se surpreenda se o coelhinho da Páscoa deixar umas bolinhas marrons em sua cesta. E não vão ser bolinhas de chocolate.

Meus colegas na redação reviraram os olhos ao ler a matéria. Ouvi um deles comentar que eu devia estar realmente exausta quando escrevi. Alguns leitores também ligaram para criticar. Senti-me constrangida, pois fiz o melhor que pude naquele dia, mas as críticas acertaram em cheio meu botão de DÚVIDA INTERNA, aquele que reproduz a mesma gravação: "Que diabos há com você? Você não consegue fazer nada direito?". Ainda hoje a voz de meu pai nos dias ruins ressoa dentro de mim, sobretudo nos momentos em que eu ou outra pessoa me julga muito duramente.

Aquela voz me deixou para baixo até o dia em que conversei com o marido de Jo Anne, após a publicação de minha coluna no domingo de Páscoa. Escrevi sobre como os professores da escola vocacional de Maplewood, em minha cidade natal, Ravenna, concederam a ela o prêmio de educadora do ano.

Jo Anne tinha 44 anos e estava morrendo por causa de um câncer no útero. Em apenas cinco meses o tumor havia se espalhado para o cólon, o fígado, os pulmões, a medula e o cérebro. Era ainda mais difícil para ela entender que não voltaria a dar aulas do que saber que o câncer tinha se espalhado.

A professora não possuía mais uma sala para lecionar, mas continuava dando lições em sua própria casa, deitada na cama. A primeira coisa que ela me ensinou foi a olhar nos olhos das pessoas e a chamá-las pelo nome. Uma vez que seus olhos castanhos se fixavam nos meus, não me abandonavam mais.

Quando a entrevistei, ela estava de cama, e um amável lenço de seda envolvia sua cabeça careca. Ela pediu para que eu me aproximasse, pois assim ela poderia me olhar nos olhos enquanto conversávamos. Jo Anne transmitia um calor humano que nunca senti em ninguém, nem antes nem depois. Era como se seu corpo inteiro irradiasse uma luz que não podia ser vista, apenas sentida, como se estivesse na presença do amor puro e da graça. Quanto mais próxima a ela, menos percebia que seu cabelo havia caído e que sua pele estava cada vez mais transparente.

Ela me contou que alguns ônibus cheios de professores apareceram em seu quintal com faixas: ESPERE PARA PARTIR; JO, PROFESSORA DE NÍVEL INTERNACIONAL; PROFESSORES COMOVEM VIDAS. Todos atravessaram seu jardim, entraram em sua casa e foram até seu quarto para dizer obrigado. Jo Anne falou no tempo presente sobre seu trabalho, apesar de saber que não voltaria a lecionar. Cada frase era pontuada por uma tosse seca. Ela me explicou por que gostava de ensinar os alunos com deficiência.

"Eles entram pela primeira vez na sala de aula olhando para o chão", contou ela. "Esses alunos não têm o mínimo de autoestima. Eles não têm noção de que são pessoas boas. A sociedade os colocou para baixo, de escanteio. As pessoas os evitaram. Uma das minhas maiores satisfações é ver aqueles olhos saírem do chão e encontrarem os meus e saber que eles vão conseguir."

O trabalho dela era preparar os alunos para postos de serviço. "Eles podem aprender qualquer tipo de trabalho se as pessoas tiverem paciência", afirmou. "É um pouco mais difícil aprender as coisas da vida."

Quando, certa vez, levou seus alunos para lanchar fora, ela parou na lanchonete favorita de cada um para que eles pudessem comer o que preferissem. Na Igreja Unida de Cristo, onde dava aula aos domingos, iniciou uma Unidade de Carinho Intensivo, na qual os membros visitavam os doentes, enviavam cartões e ofereciam carona até os hospitais.

Como líder das escoteiras, ela considerava a diversão em primeiro lugar. Ao mesmo tempo, as escoteiras sob sua responsabilidade nem sempre passavam dificuldades nos acampamentos.

"Uma vez por ano nós vamos ao Sheraton", confidenciou, cochichando como se fosse uma criança revelando um segredo. "Se as meninas querem gastar o dinheiro do lanche lá, por mim tudo bem. Eu só quero me divertir. Você torna isso divertido e elas se lembram disso pelo resto da vida, seja em um trabalho escolar, doméstico ou da igreja."

O trabalho mais importante que ela temia perder era a maternidade. Queria viver o bastante para ver seu filho, Tony, então com 16 anos, se tornar um Escoteiro Águia e sua filha, Dawn, dois anos mais nova, ser confirmada na igreja. Ela sabia que não viveria o suficiente para vê-los formados, casados ou com filhos, mas queria que eles se lembrassem do quanto os amava. Ela queria que eles soubessem que a beleza e a graça de cada dia estavam na celebração do simples ato de acordar. Jo Anne adorava a alvorada.

"Ah, é tão lindo! Você vê o sol começar a nascer e sabe que é a glória de Deus", disse ela, com a voz cada vez mais fraca.

Ela queria que seus filhos e seus alunos compartilhassem de sua descrição de trabalho, retirada de sua passagem preferida da Bíblia, Efésios: "Rogo-vos, pois, eu, o prisioneiro no Senhor, que andeis como é digno da vocação com que fostes chamados, com toda a humildade e mansidão, com longanimidade, suportando-vos uns aos outros em amor [...] Agora que és luz no Senhor: andai como filho da luz."

A luz dela se esvaiu no domingo de Páscoa. Jo Anne Hollis faleceu ao amanhecer, seu período favorito do dia.

Quando soube da morte dela, telefonei para seu marido, Bill.

"Lembra-se daquela coluna que você escreveu sobre os doces na Páscoa?", perguntou ele.

Eu me encolhi toda. "Ai, não!", pensei. "Será que eu a pressionei demais? Fui tão ruim assim?"

Ele queria me contar que estava sentado ao lado da cama dela no hospital quando leu o artigo em voz alta.

"Ela não conseguia parar de rir", contou Bill. "No fim daquela tarde ela entrou em coma. Não voltou mais. Eu gostaria de lhe agradecer por aquele texto. Foi a última vez que rimos juntos."

Aquele foi o presente de Jo Anne para mim. Saber que, mesmo nos meus piores momentos, ainda podia deixar algo de bom. Saber que um mínimo esforço pode tocar uma pessoa de maneira profunda. Saber que o resultado do que faço não é da minha conta.

Penso em Jo Anne Hollis toda vez que julgo a mim mesma ou a outra pessoa de maneira rigorosa demais. Como podemos saber com exatidão o valor de nosso trabalho? Não é nossa função julgar o valor do que oferecemos ao mundo, mas devemos continuar a oferecer, independentemente do valor.

Pode ser que você nunca venha a conhecer o verdadeiro mérito de seus esforços. Ou talvez ainda seja cedo demais para saber.

LIÇÃO 6

Todos nós somos capazes de realizar as mesmas coisas; o que faz a diferença é o modo como as fazemos

Todo mundo levou um presente para o chá de cozinha, mas um deles não foi aberto. O embrulho era tão adorável que a noiva não queria desmanchá-lo. A caixa estava envolta em um papel prateado com fitas douradas, verdes e vinho e havia um cacho das mais perfeitas imitações de uvas no centro. Era absolutamente maravilhoso. Parecia mais um enfeite de festa de casamento do que um presente de chá de cozinha.

Todas ficaram impressionadas e comentaram sobre o pacote, imaginando qual loja teria feito um embrulho tão incrível para o presente. No entanto, a mulher sentada ao meu lado o havia embrulhado sozinha. Nunca vou me esquecer das palavras de Sandy Horton quando a parabenizei pelo embrulho de seu presente.

"Uma pessoa me ensinou há muito tempo que todos nós somos capazes de realizar as mesmas coisas", disse-me ela. "O que faz a diferença é o modo como as fazemos."

Acho que isso acontece em muitos casos, especialmente quando encontro pessoas em funções comuns e medianas que acrescentam uma chama para tornar seu trabalho extraordinário. Qualquer pessoa que já tenha conhecido o Banheiro Feliz da Valerie jamais esquece como funciona.

"Bem-vinda ao Banheiro da Valerie", diz ela. Seu lema é "não se preocupe, faça xixi feliz".

Minha filha o usou no aeroporto da cidade de Charlotte, na Carolina do Norte. O trabalho de Valerie é limpar o banheiro. Ela não para de sorrir nem de cantar em nenhum momento.

"You are my sunshine, my only sunshine", canta ela para todas as mulheres que ali entram.

"Está repleto de lugares para você. Não há fila nem espera. Não há espera nem fila", diz ela dançando, abrindo as portas e convidando as clientes para entrar. "Se você não pode se divertir enquanto trabalha, não vá. É VIP. É importante ter um lugar no Banheiro Feliz da Valerie. É onde você faz xixi feliz!"

Valerie é uma mulher que passa o dia limpando um banheiro público. Uma mulher que poderia se enxergar no ponto mais baixo da carreira profissional. Em vez disso, ela eleva o espírito de todo mundo, independentemente do degrau que as pessoas ocupam na escada da vida.

"Agora vamos lá, vamos lá, vamos lá", ela canta enquanto bate palmas com as mãos forradas com um par de luvas.

É preciso admirar sua alegria de vida em um trabalho que poderia ser considerado uma "merda" – e o trocadilho é intencional.

Há outras pessoas que levam a mesma alegria da vida para o trabalho. Certa vez, li o obituário de uma enfermeira que cantava a seus pacientes. Todos eles apreciavam suas músicas e requisitavam a presença da Enfermeira Cantora.

Há também o caso de Robert McIntyre, que trabalha como recepcionista na Clínica Cleveland. Sua função é oferecer uma mão, uma cadeira de rodas ou informações para pacientes e familiares quando eles entram e saem do centro de tratamento oncológico. Robert trabalha com paixão – ele veste um casaco vermelho, uma cartola preta e canta para todo mundo.

O recepcionista nunca quis ser cantor. Entrou certa vez para o coro da igreja, mas ninguém podia controlar o Irmão McIntyre. Ele deveria ser o tenor, mas sua voz tomava o rumo que bem entendesse.

"Eu simplesmente solto da garganta o som que mais me agradar", conta ele.

Sua carreira de cantor havia começado 15 anos antes, no estacionamento de outro hospital. Ele era funcionário da garagem e gostava da acústica daquela área. Um dia, levou um gravador, certificou-se de estar sozinho e soltou a música "Under the Boardwalk".

"Éramos apenas eu e os carros", contou.

Quando terminou, ouviu uma salva de palmas. Ao se virar, havia cerca de 30 pessoas o aplaudindo.

"Ops!", pensou ele. "Agora vou perder meu emprego."

Desde aquele momento, ele canta sempre que pode. Apresenta-se diariamente no Centro Oncológico Taussig da Clínica Cleveland, cantando para os pacientes com seu casaco vermelho e sua cartola preta.

"Sou uma espécie de concierge, recepcionista, transportador", diz ele. "Sou um conglomerado de coisas diferentes."

Seu crachá apresenta um homem careca com uma cartola que ele herdou da época em que foi porteiro em um hotel de luxo. Sempre que está sem a cartola, ele se autodenomina "irmão à paisana", mantendo-a guardada em um suporte prateado no balcão de informações ao lado de uma sacola de plástico cheia de fotos da família. Uma das fotografias mostra o irmão, que morreu de câncer no pulmão.

"Eu também cantei para ele", revela. "E com todos os apetrechos que tinha direito."

A lista de Robert inclui músicas como "I Can See Clearly Now", "Sweet Hour of Prayer", "You've Lost That Lovin' Feeling", "Mr. Bojangles" e "God Is Still on the Throne". Ele faz com que os pacientes sintam-se especiais, porque chegam ali enfraquecidos pelo câncer e pela quimioterapia, apoiados em bengalas ou andadores. Ele os levanta com um sorriso e uma canção.

Depois de cinco anos, todo mundo já o conhece. Durante uma apresentação de "You Are Everything", uma mulher o interrompeu. "Você é o Robert?", perguntou ela. "Ouvi falar muito bem de você."

Ele sorriu e perguntou: "Como posso ajudá-la?".

Dirigindo-se a um automóvel no lado de fora, ele segurou uma mão fina e acompanhou uma mulher até sua cadeira de rodas. Robert não se intromete, não faz perguntas. Quando canta, mantém o volume baixo. Às vezes, as pessoas perguntam: "Onde você canta?".

"Aqui, bem aqui", ele responde.

Quando dizem a ele que deveria seguir carreira profissional, ele rebate: "Já sigo. Sou cantor profissional no centro oncológico".

Para uma paciente, Robert foi cantar fora da clínica. Ele sempre cantava "Smoke Gets in Your Eyes" para Shirley Dorsey. Shirley submeteu-se à rádio e à quimioterapia para enfrentar um melanoma. Ela não reagiu ao tratamento, mas reagiu a

Robert, que lhe cantava hinos religiosos. Quando Shirley morreu, o marido dela, Ed, pediu a Robert que cantasse no enterro.

Robert vestiu o casaco vermelho e a cartola. Cantou "Order My Steps". Depois, Ed convidou-o para jantar e conhecer o restante da família. Ele credita a Robert os últimos dias de vida de Shirley.

"Ele simplesmente a colocava para cima", disse Ed. "É provável que ela tenha vivido um pouco mais por causa dele."

Robert minimiza os elogios.

"Eu não procurei isso", conta. "Levou anos até eu perceber que essa era minha missão."

Ele transformou o trabalho em uma missão. Todos nós temos essa opção. Somos capazes de fazer tudo; mas é a maneira como as realizamos que faz a diferença. Nós nos transformamos em uma dádiva para os outros quando os fazemos sentir que eles são dádivas.

LIÇÃO 7

Interrupções são missões divinas

Certo dia, eu estava indo entrevistar uma pessoa para a coluna do jornal e me perdi em uma área de Cleveland que não conhecia. Depois de dirigir para cima e para baixo durante algum tempo, parei em uma pequena sorveteria chamada Scoops. Interrompi o adolescente atrás do balcão para pedir informações. Ele foi bastante atencioso e eu prometi voltar mais tarde para tomar um sorvete.

Quando voltei para pedir meu sorvete, o adolescente serviu uma casquinha de sorvete de nozes com uma precisão que eu jamais havia visto. Ele até pesou a casquinha. Era um adolescente negro, do centro da cidade, provavelmente com 15 ou 16 anos, e faltavam apenas alguns dias para as aulas recomeçarem após as férias.

Enquanto eu estava ali, esperando em silêncio, senti algo em meu coração. *Converse com o rapaz. Saia de sua zona de conforto.*

“Onde você estuda?”, perguntei ao desconhecido.

“Não sei”, respondeu ele.

Uma simples pergunta e o mundo todo se abriu.

Terrance Embry contou que estudava na Hawken School, renomada escola particular no outro lado da cidade, mas sua família estava sem dinheiro e não podia mais pagar pela pequena parte da mensalidade que a bolsa de estudos não cobria.

“O que você quer fazer?”, perguntei.

“Ah, eu vou ser neurocirurgião”, respondeu ele.

Contou que considerava aquilo um fato e que nada o impediria. Então passou a hora seguinte me explicando exatamente como tudo iria acontecer, independentemente de qualquer obstáculo.

Terrance usava uma camisa polo branca, um avental cáqui e um boné onde se lia SCOOPS, mas se comportava como se já estivesse vestido para uma cirurgia. Antes de preparar cada casquinha, ele ia até a pia para lavar, esfregar e secar as mãos. Então, pegava o sorvete.

Seu sorriso se apagou por um breve momento. Ele me contou que a mãe estava à procura de um emprego e que o pai era carteiro. Terrance trabalhava na sorveteria havia apenas quatro semanas.

“Talvez não seja meu destino voltar a Hawken”, disse ele, que logo deu um sorriso de canto de boca, como se soubesse um segredo. “Tudo o que enxergo é o resultado: o momento em que me transformo em um neurocirurgião.”

Ele, então, secou as mãos e me contou que sempre quis ser médico. Durante três verões, participou de um programa de reforço para preparar crianças afro-americanas para sexto, sétimo e oitavo anos. Foi quando leu o livro *Gifted Hands*, do neurocirurgião pediátrico Ben Carson. Após uma infância pobre, Carson foi sustentado pela mãe e por seu Deus.

"Tínhamos muita coisa em comum", disse Terrance. "O livro foi uma resposta a minhas orações. É como se ele tivesse caído do céu."

Ele não conseguiu ficar com o livro.

"Mas", prosseguiu, "vou me lembrar vivamente daquelas palavras pelo resto da minha vida".

Terrance frequentava a Fundação da Verdade, uma igreja onde ele dizia que "se divertia muito ao lado do Senhor". Ele estudou três anos de latim. Além de aprender espanhol, queria estudar biologia, química e física avançadas. Iria ingressar no ensino médio. Jogava basquete e corria.

Era o mais jovem de sete irmãos. Uma de suas irmãs estava fazendo doutorado em psicologia infantil e o recordava diariamente de não desistir.

"Nunca imaginei que fosse ser fácil. É só um obstáculo. Vou contorná-lo", disse primeiro. Depois se corrigiu: "Não vou contorná-lo. Vou passar por cima dele".

Não seria fácil. Os pais haviam se separado três anos antes.

"Eu e meu pai costumávamos fazer tudo juntos. É como se tivesse aberto um buraco em nosso relacionamento."

E nas finanças da família também.

"Não éramos pobres, mas também não éramos ricos", comentou Terrance.

Durante o ano anterior, Terrance tomava um ônibus de sua casa no West Side até a escola particular, no East Side. Na maior parte das vezes, ele retornava para casa às sete da noite.

"Amo Hawken. É uma grande escola", afirmou. "Eles depositam a responsabilidade em você."

Da primeira vez em que revelou a outras pessoas que queria ser neurocirurgião, riram da cara dele. Isso não acontece mais.

Terrance disse que adoraria assistir a uma cirurgia ou conversar com um neurocirurgião sobre o funcionamento do corpo humano. Ele ainda acredita que se formará em Hawken, depois na Universidade Stanford e, por fim, em Columbia.

E depois disso?

"Irei para qualquer lugar que for preciso", afirma.

Em seguida, voltou à pia para preparar o sorvete do próximo cliente, que queria uma casquinha de sorvete de menta com pedaços de chocolate. Terrance o fez com precisão cirúrgica.

Lavou. Esfregou. Secou. E pegou o sorvete.

Um dia será lava, esfrega, seca e corta.

Quando telefonei para Hawken com o intuito de checar as informações, eles ficaram impressionados pelo fato de eu ter encontrado Terrance, porque haviam passado o verão inteiro tentando encontrá-lo, mas seus pais não mantiveram contato. A escola ficou tão contente em reencontrá-lo que lhe ofereceu uma bolsa de estudos integral.

Depois que minha coluna sobre o adolescente foi publicada, a esposa de um neurocirurgião leu o artigo e se sentiu comovida. Ela comentou com o marido durante o almoço, que também se comoveu com a história. O dr. Mark Luciano viu a si mesmo aos 16 anos, quando queria estudar o funcionamento do cérebro, bem antes de começar a operá-lo. O médico, então, abriu as portas para o sonho de Terrance. Uma porta que fica depois de uma linha vermelha brilhante no piso da Clínica Cleveland.

Terrance conheceu o dr. Luciano em uma sala de conferências do hospital. O jovem precisou vestir luvas e um avental branco de laboratório. Na outra ponta, o neurocirurgião parecia tão empolgado quanto Terrance.

"Cada novo paciente é como um quebra-cabeça", disse o médico. "Você precisa avaliar se é capaz de solucioná-lo."

Ele opera bebês com fluidos no cérebro, crianças com tumores e deformações no crânio.

O quebra-cabeça daquele dia era um paciente que precisava de uma cirurgia de descompressão Chiari. O dr. Luciano usou seu punho para exemplificar o cérebro e correu com o dedo como se fosse a coluna vertebral para explicar a Terrance como a parte de trás do cérebro estava sendo pressionada pelo crânio. O cerebelo estava sendo pressionado em direção ao topo da coluna.

O médico autorizou Terrance a assistir à cirurgia. Ele avisou ao adolescente que algumas pessoas ficam nervosas, outras, enjoadas e, às vezes, o procedimento dura apenas 15 minutos. E também advertiu: "Se você se sentir enjoado, isso não tem nenhum significado em relação a seu futuro como médico".

Terrance suspirou e deixou os ombros relaxarem.

O médico explicou que o cérebro não sente dor. Falou sobre o uso de tecnologia computacional para navegar pelo cérebro e brincou que os neurocirurgiões adoram equipamentos eletrônicos.

Terrance assentiu.

Eles foram conversando ao longo do corredor até o centro cirúrgico. Vistos de trás, pareciam dois médicos, com o detalhe de que Terrance era mais alto. O dr. Luciano avisou-o para por enquanto não atravessar a faixa vermelha no chão. Somente equipes cirúrgicas preparadas podiam ultrapassá-la.

Eles pararam para vestir a touca e a máscara cirúrgicas. O médico ensinou Terrance a amarrar a máscara e a apoiá-la sobre o nariz, para não sair do lugar.

"Simétrico e confortável", recomendou ele.

Depois, ensinou a Terrance como dobrar o colarinho em torno da touca, para parecer mais estiloso.

"Você precisa levantar a gola, ou vai ficar parecendo despretensioso demais", brincou o médico.

Eles pararam na entrada de uma comprida sala, a encruzilhada da vida de Terrance. A única coisa que detinha Terrance era a linha vermelha no chão. O dr. Luciano a ultrapassou, mas então se lembrou de que precisava de suas lentes e voltou correndo para buscá-las. Terrance permaneceu como uma estátua. A ponta de seus pés tocava a linha vermelha, mas tinha cuidado suficiente para não atravessá-la.

"Mal posso esperar", disse, quase sem fôlego.

Ele olhava para a linha, para o ponto de partida e para as salas de cirurgia ao redor.

Fileiras de jalecos brancos pendurados na parede à direita e à esquerda. Cada um levava o nome de um cirurgião. Ele olhou para os jalecos e depois afundou as mãos nos bolsos do que vestia.

"Parece bem diferente daquilo que vemos na televisão", murmurou.

O dr. Luciano voltou. "Vamos lá", anunciou.

Terrance atravessou a linha vermelha.

Eles se dirigiram à pia de metal onde os cirurgiões se lavavam. O médico disse a ele como o cérebro e a coluna eram impressionantes e, de maneira casual, abriu a porta da sala de cirurgia, com Terrance atrás dele.

O adolescente arregalou os olhos ao conhecer a equipe cirúrgica. Eles o recepcionaram e pediram que não tocasse na área esterilizada. O paciente estava preparado, coberto e aberto.

O dr. Luciano convidou Terrance a observar a cabeça do paciente de cima de um banco.

Terrance subiu, inclinou-se e pela primeira vez olhou para dentro de um cérebro.

LIÇÃO 8

Ajuste sua própria máscara de oxigênio antes de ajudar os outros, ou não será benéfico para ninguém, nem mesmo para você

Ninguém presta atenção quando a comissária de bordo repassa as orientações de segurança, mas eu paro o que estiver fazendo para observá-la. Trata-se de um importante lembrete para dar mais atenção a mim mesma. Gosto da parte em que a comissária segura a máscara de oxigênio e diz a todos: "Se houver crianças pequenas perto de você, certifique-se de que sua máscara de oxigênio esteja bem posicionada antes de ajudá-las".

Quantas vezes na vida você tem permissão para se colocar em primeiro lugar?

Os pais que estão no avião não são as únicas pessoas que precisam seguir essa recomendação. Muitos de nós, sobretudo as mulheres, somos culpadas de autonegligência. Educadas para se preocupar primeiro com o marido, os filhos, os vizinhos, os desconhecidos e até mesmo com o trabalho.

Certa vez, entrevistei um psicólogo da Clínica Cleveland para um programa de rádio. O tema era estresse. O dr. Michael McKee disse algo de que jamais me esquecerei: "Não tenha pesos e medidas diferentes para si mesmo". É preciso cuidar de si mesmo exatamente da mesma maneira que se cuida de outras pessoas. Essa lição é perfeita para o dia em que eu pretendia ir à aula de ioga e finalmente consegui encaixá-la em minha movimentada agenda. Como estava há meses sem praticar ioga, eu me assegurei de ter a noite livre para mim. Duas horas antes da aula, uma amiga ligou dizendo que precisava de alguém para cuidar de seu filho. Será que eu poderia cuidar do menino naquela noite?

Claro, respondi, e cancelei minha aula de ioga. Por que ela precisava que eu cuidasse de seu filho?

Porque ela queria ir para a ioga.

Aaaaaahhhhhhhh!

Estraguei meus planos e fiz aquilo sozinha, totalmente sozinha. Foi muito bom cuidar da criança, mas não parei para me consultar antes de abrir mão do tempo que eu havia reservado para mim.

Faço isso o tempo todo. Assim como a maioria das mulheres.

Anos atrás, o American College of Cardiology de Atlanta publicou um impactante estudo segundo o qual as mulheres correm um maior risco de ter ataques cardíacos do que os homens, porque demoram a buscar tratamento. Não raro, as mulheres levam uma hora a mais do que os homens para procurar um hospital quando apresentam sintomas de infarto.

Isso pode ser uma surpresa para médicos e pesquisadores, mas não o é para as mulheres. Quando um homem sente dores no peito, rapidamente liga ao serviço de emergência e vai para o hospital. O que faz a mulher?

Conclui que a dor pode indicar algo grave, mas antes coloca a lasanha no forno, tempera a carne, faz patê de atum e o que mais for preciso para manter a família alimentada durante a semana que vai passar no hospital.

Ao abrir a geladeira para guardar as coisas, não aguenta olhar o queijo estragando e os restos de alimento espalhados, então joga tudo fora e limpa as estantes. Também separa o almoço de todo mundo direitinho antes de ir para o hospital. Quando entra no banheiro e pega a escova de dente, para um instante para limpar a pia, o boxe e o vaso sanitário.

Ainda imagina que a família vai ficar sem roupas limpas já no dia seguinte, então joga um monte de roupa na máquina de lavar e dobra o que havia na máquina de secar. Ela só resolve sair para o hospital depois que todo mundo já comeu, fez lição de casa e terminou seus afazeres.

Rumo ao hospital, deixa a filha na aula de futebol, volta para devolver os livros na biblioteca e se inscreve para ajudar no programa de leitura para alunos da pré-escola.

Chegando ao pronto-socorro, passa por uma experiência de quase morte. No entanto, em vez de ver sua própria vida diante dos olhos, ela enxerga os filhos e o marido.

Mulheres sempre ignoram a própria dor e minimizam suas necessidades. Constantemente, mantemos pesos e medidas diferentes para nós. Colocamo-nos sempre em último plano. Jamais tratamos alguém de maneira tão descuidada quanto a nós mesmas.

Como mudar isso? Como colocar a máscara de oxigênio antes?

Primeiro, permita-se fazer isso. Considere essa sua brecha formal para cuidar melhor de si. Seu cuidado e sua alimentação cabem a você, não a outras pessoas.

O dr. McKee forneceu algumas alternativas que você pode tentar. Veja algumas das conclusões de nossa conversa:

Cuide de si mesmo

Não tenha pesos e medidas diferentes. Não deixe de respeitar seus compromissos para dar preferência aos compromissos dos outros. Não se doe de modo a não sobrar nada para você. Não marque seus compromissos a lápis; marque-os a caneta.

Pare e pense

Pare e reserve cinco minutos para se acalmar, encontrar seu prumo e clarear a mente. Ao sair do trabalho, antes de pegar as crianças ou parar em alguma loja, sente-se no carro e pare. Recomece. Você vai tomar decisões melhores e descobrir que não é o eixo sem o qual o mundo não gira. Perceba o alívio!

Respire seis vezes por minuto

Sou péssima com essa coisa de respiração. O dr. McKee sugere respirar apenas seis vezes por minuto. Inspire durante cinco segundos e depois passe cinco segundos expirando. Tente. É maravilhoso.

Assuma o controle

Não entregue aos outros o controle remoto de suas emoções. Pare de culpar os outros: "Esse cara me deixa louca. Meu chefe vai me causar uma úlcera. As crianças me provocam enxaqueca". Pegue de volta o controle remoto e continue apertando a tecla CALMA. Você não pode controlar o que os outros fazem, mas é capaz de ter controle sobre suas reações emocionais com relação aos outros.

Pare para respirar durante todo o dia

Encontre momentos para praticar sua respiração – quando estiver parada em um semáforo, lendo um e-mail do chefe ou esperando na fila do caixa. Faça uma ou duas sequências de dez segundos de respiração abdominal enquanto diz a si mesma: "Está tudo bem. Está tudo bem".

Tire um tempo para você

Todas as semanas, separe uma hora para você. Faça disso sua jornada de prazer. Pegue uma hora para ir ao salão de beleza, a um museu, galeria de arte ou floricultura. Tire uma hora para se acalmar, ouvir suas músicas favoritas, ler um escritor de que goste, usar seus sais de banho. Tire uma hora com a natureza, para tomar sol, escutar e sentir a chuva, olhar as estrelas. Caso não seja possível fazer isso por uma hora inteira durante a semana, organize três momentos de 20 minutos.

Veja como as coisas vão bem para você

Quando estiver parada no trânsito, olhe em volta e veja como as coisas estão boas para você. O carro ao lado do seu está com o para-choque preso só com uma fita isolante. Seja grata por seu carro. O carro a sua frente está cheio de crianças berrando. Seja grata pelo silêncio dentro do seu carro.

Concentre-se no micro

Veja a vida como uma série de arrancadas, e não como uma interminável maratona, sem linha de chegada à vista. Entre uma e outra arrancada, descanse e renove-se.

Aristóteles separa o mundo em: pensar, sentir e agir. Segundo o dr. McKee, para controlar bem o estresse, é preciso promover mudanças em cada um desses domínios. Minha citação favorita de Aristóteles é: "Nós somos aquilo que fazemos repetidamente". Tente transformar em hábito o amor-próprio e ame-se tanto quanto ama os outros.

Coloque a máscara de oxigênio primeiro em você. Assim, todo mundo que estiver ao seu redor também vai respirar um pouquinho melhor.

LIÇÃO 9

Em vez de tratar as pessoas do modo como você deseja ser tratado, trate-as do modo como elas desejam ser tratadas

A maioria dos seres humanos cresce aprendendo uma regra sagrada: "Faça aos outros a mesma coisa que deseja que façam a você. Trate as pessoas da maneira como deseja ser tratado".

Por mais benéfico que pareça, essa atitude pode não ser o comportamento mais adequado. Muitas vezes, fazemos aos outros coisas que seriam boas para nós, mas é possível que eles não apreciem nossa ajuda da mesma maneira.

Certa vez, li uma matéria sobre duas irmãs que, para ajudar a mãe a se recuperar de um tratamento contra o câncer, limparam toda a casa dela. Elas passaram horas escovando cada centímetro do banheiro para que o lugar estivesse bem limpo e esterilizado quando ela fosse trocar de roupas após a cirurgia. Mas quando a mãe voltou do hospital e viu a limpeza reluzente do banheiro, ficou magoada por considerar que sua privacidade havia sido invadida.

Quando eu estava no oitavo ano, os alunos fizeram uma vaquinha para comprar um presente especial a uma professora.

Não tínhamos ideia do que dar a ela, então arrecadamos o bastante para comprar um sobretudo. Depois descobrimos que ela ficou chateada, porque pensou que nós achávamos que seu sobretudo estava tão surrado que ela precisava de um novo.

Minha mãe uma vez disse a todo mundo que queria uma televisão portátil para a cozinha. Uma pequena, que ela pudesse deixar no balcão enquanto cozinhava ou levar para outros lugares da casa, se precisasse. Meu pai comprou um modelo tão enorme que ela nem conseguia movê-lo. Ela ficou chateada por ele não ter dado ouvidos ao que ela precisava. E ele ficou confuso pelo fato de ela não ter gostado de uma televisão maior e melhor do que a que queria.

Lição aprendida: trate as pessoas do jeito que elas desejam ser tratadas. O mais importante para nós pode não ser o mais importante para a pessoa que pretendemos ajudar. Aprendi a simplesmente perguntar: de que modo posso lhe ser útil?

Susan Miller me ensinou a levar isso um passo adiante.

Quando a conheci, ela trabalhava na portaria do Renaissance Cleveland Hotel, próximo à praça pública da cidade. Seu cartão de visita dizia Supervisora de Concierge, mas o título Tapete de Boas-Vindas era mais adequado. Algum problema? Susan tinha a solução. Era sempre possível vê-la no lobby do hotel com o telefone na orelha esquerda e a fonte assobiando ao fundo.

Precisa mudar seu voo? Perdeu as bagagens? Queria ingressos para um show lotado? Sem problema. Como se fosse um gênio da lâmpada, ela atendia a seus desejos. Para ela, todo mundo era VIP, e sua missão era tratar as pessoas do jeito que elas queriam se tratadas.

Nunca havia um dia típico na vida de Susan, que acordava às 3h50 para entrar no trabalho às cinco horas da manhã, meia hora antes do necessário. Em 14 anos, ela nunca havia se atrasado.

"Falando seriamente, não faço nada especial", ela me disse. "É só gentileza. Foi assim que me ensinaram. Minha mãe tinha uma alma maravilhosa. Ela nos criou para termos empatia e amor. Espero que eu seja o maior legado dela."

Quando um poeta famoso pediu um cálice de vinho branco às nove horas da manhã, Susan encontrou quem o servisse. Quando o ex-jogador do Cleveland Browns, Bernie Kosar, precisou de alguém para cuidar de seus sobrinhos, Susan se ofereceu. Quando um dos integrantes da banda Allman Brothers quebrou um dente, Susan arrumou um dentista para ele. Quando os pais de seu companheiro de trabalho Ryan Craig hospedaram-se no hotel para comemorar um aniversário de casamento, ela espalhou pétalas de rosas sobre a cama.

Quase todo mundo tinha uma história sobre Susan para contar:

A cadeira de balanço

Uma mulher com um recém-nascido no colo precisava desesperadamente de uma cadeira de balanço para ninar o bebê. Depois de descobrir que não havia esse tipo de cadeira no hotel, Susan foi buscar uma em sua casa para que a mulher pudesse usar.

A bicicleta

Quando a pessoa que havia prometido emprestar uma bicicleta a um triatleta não apareceu, Susan lhe emprestou sua própria bicicleta. Ele terminou o triatlo em terceiro lugar.

O traje de banho

Certa vez, uma mulher entrou no hotel vestindo apenas um traje de banho, histérica porque alguém havia levado suas roupas. Susan a acalmou emprestando-lhe uma calça jeans e uma camiseta que sempre levava consigo para o trabalho.

A amostra

Uma mulher chegou à cidade para se tratar de um câncer renal. Ela precisava entregar uma amostra de urina no hospital, mas estava sem forças para ir até lá. Susan se ofereceu para levar.

Os órfãos

Um grupo de órfãos da Romênia visitou a cidade durante o outono. Eles nunca haviam ouvido falar em Halloween, então Susan reuniu 20 saquinhos de doces para que as crianças pudessem aproveitar o Dia das Bruxas.

O paciente

Um menino chamado Johnny viajou de Saint Louis para se tratar de um tumor no cérebro na Clínica Cleveland. O pai dele precisou voltar para casa antes do esperado, e Susan passou as noites seguintes na cabeceira da cama do garoto para que ele não se sentisse sozinho.

O banho

O empresário da atriz Diahann Carroll telefonou ao hotel para garantir que ela pudesse tomar um banho de leite enquanto estivesse hospedada ali. Susan procurou uma fábrica de laticínios que entregasse grande quantidade de leite. Ela esquentou todo o leite antes de mandá-lo para a banheira no quarto da atriz, que ficou surpresa. Na verdade, a exigência fora mal interpretada. Tudo o que ela precisava era de alguns sachês de leite para misturar na água da banheira.

A bolsa

A história predileta de muita gente começa com um casal de Chicago que chegou à recepção do hotel em busca de uma bolsa perdida. Eles pensaram que a haviam esquecido em

> uma lanchonete do McDonald's no caminho entre Chicago e Cleveland. Susan assumiu aquilo como um desafio. Pegou mapas, traçou a rota do casal, ligou para a sede do McDonald's e pegou os telefones de todas as lanchonetes da rede ao longo da estrada – eram 30. No décimo telefonema ela encontrou a bolsa Fendi.

"Eu não sei dizer quem ficou mais contente", disse Susan. "Eu sabia na hora que podia fazer alguma coisa."

Talvez todos nós possamos, só precisamos saber o que as pessoas querem.

LIÇÃO 10

Se você quer ver um milagre, seja o próprio milagre

Ser Deus pode ser um fardo.

Não que eu já não soubesse por experiência própria, mas, depois de assistir à comédia *O Todo-Poderoso*, ficou claro que o trabalho é mais duro do que podemos imaginar, ainda mais com todas aquelas orações intermináveis e os pedidos de ajuda.

No filme, o ator Jim Carrey faz o papel de um repórter de televisão frustrado que fica parado no trânsito, é demitido, espancado e acaba obrigado a ficar com um cachorro que toda hora faz xixi em sua cadeira favorita.

"Deus, por que Você me odeia?", grita o repórter.

Nunca cheguei a pronunciar essa pergunta, mas em alguns momentos, ou mesmo em alguns dias, sinto como se estivesse na linha de tiro de algumas piadas divinas.

Dias em que você sai de casa e percebe tarde demais que o elástico da sua calcinha se desintegrou. Ou quando você se perde a caminho de uma entrevista de emprego. Ou, ainda, quando um passarinho resolve aliviar-se em sua mais nova camisa de seda.

No filme, Deus é interpretado pelo ator Morgan Freeman. Ele oferece um desafio ao homem que se sente como uma formiga e vê Deus como um valentão sentado na calçada que, com a ajuda de uma lente de aumento, direciona a luz solar sobre os insetos enquanto eles se contorcem sob o calor. Deus diz: "Você acha que pode fazer melhor? Eis sua chance". Então, Ele permite que o infeliz mortal governe o universo por um tempo.

É engraçado, no princípio, quando ele abre espaço em meio a um congestionamento, apaga as nuvens e aumenta a lua, assim como o busto de uma mulher, e deixa todo mundo ganhar na loteria, apesar de o prêmio, dividido entre todos, ter dado 17 dólares.

Embriagado pelo poder, o repórter brada: "Que a MINHA vontade seja feita!".

Parece assustador, mas apenas pelo fato de ele ter pronunciado essas palavras. Muitos de nós não seríamos ousados a ponto de dizê-las em voz alta, mas nossa vontade sempre vai parecer potencialmente mais interessante que a de Deus. Eu costumava resistir para entregar minha vida e minha vontade a Deus. Tinha medo de que Ele me reservasse uma vida chata, de pouca diversão e sem sexo. Quem não gostaria de se passar por Deus? Uau! Por onde você começaria?

Seria preciso fazer um passeio obrigatório pelo mundo da pobreza, da doença, do ódio, da maldade. Fazer os cegos enxergarem, os surdos ouvirem, os mancos andarem. Como em um concurso de miss, quando a ganhadora faz pedidos enquanto segura um buquê de flores enorme.

Mas que tal começar fazendo isto: toda criança nascerá saudável e todo parto será indolor. (Vamos ter de lidar com aquele pequeno problema de superpopulação que enfrentaremos adiante.) Todo mundo poderá estudar de graça até a faculdade.

Em vez de um fim de semana de dois dias, ele passa a ter três. E todas as pessoas do mundo passam a ter direito a um mês de férias.

Mulheres e períodos menstruais? Uma grande falha de projeto.

Que tal um mundo onde os homens não fiquem carecas? Um mundo em que eles realmente possam ler a mente de uma mulher e lhe comprar uma caixa de bombons da Godiva em vez de uma calcinha comestível.

Imagine um mundo no qual o Cleveland Indians vença a Série Mundial do Campeonato de Beisebol pelo menos uma vez a cada dez anos. Não, a cada cinco anos. Tudo bem, uma vez na vida já estaria de bom tamanho.

O texto da Bíblia poderia passar por uma boa revisão para facilitar a compreensão e dificultar as interpretações equivocadas. Poderíamos dar uma folga a Jó antes que ele perca sua família e tudo o que possui. E tirar uma parte da pestilência e das pragas.

Dar a quem vive em Cleveland condições climáticas mais agradáveis, como em San Diego. Poxa, a gente merece um alívio. Afinal, eles já têm o oceano. Isso me parece justo.

Fazer nevar em todos os lugares durante o Natal.

Impedir o crescimento de pelos no nariz e nos ouvidos dos homens, assim como nas pernas das mulheres.

Prolongar outubro e seu maravilhoso clima ao menos por dez dias.

Expandir todos os corações e diminuir os egos.

O mundo ficaria muito bem sem formigas, pulgas, mosquitos, escorpiões, cobras, aranhas e baratas. Sim, sim, tudo isso faz parte da cadeia alimentar. Por falar em comida, vamos banir da face da terra a couve, o queijo cottage e o jiló.

O mesmo vale para tornados, furacões, avalanches, nevascas, terremotos e tsunamis. Tenho certeza de que até mesmo Deus fica arrepiado quando ouve dizer que o *E. coli*, as bactérias de carnes comestíveis e o herpes genital entraram na nossa vida.

Em defesa de Deus, nenhum de nós jamais teria concebido coisas como arco-íris, fogo, música, sonhos, estrelas, tempestades de raios, sexo, o oceano Pacífico, o Grand Canyon e as Cataratas do Niágara.

É exagero pedir que cada um de nós tenha um desejo realizado no aniversário?

Eu sei, eu sei, "que seja feita a sua vontade, não a minha". Como Deus fala no filme: "Você quer ver um milagre? Seja você o milagre". Um bom conselho para todos nós, mortais.

Em vez de procurar provas das obras de Deus em truques de mágica, encontre-o no momento. Em vez de procurar milagres vindos dos céus, encontre-os em seu interior. Em vez de procurar o paraíso em algum outro lugar, crie um pedaço dele aqui. Em vez de procurar um sinal da presença de Deus em uma árvore em chamas, em um raio ou em uma estátua que chora, esteja presente e você vai experimentar Deus em todos os lugares.

Sempre que há uma tragédia ou um problema maior para o qual não enxergamos nenhuma solução, tendemos a perguntar: "Onde está Deus agora?". Imagine o que aconteceria se nós, cada um de nós, fosse até você e dissesse: "Deus está aqui. Dentro de mim, dentro de você".

Deus está em cada um de nós, no meio de cada tragédia e de cada problema. Cabe a nós invocar nossa luz e nosso amor maior e ser o milagre, aqui e agora.

LIÇÃO 11

Todo mundo tem alguma importância para alguém

John Wood não tem certidão de nascimento, a não ser que você queira considerar a Bíblia de capa preta surrada que comprova seu patrimônio e a promessa de uma herança nas páginas folheadas a ouro.

Ele não sabe ao certo nem a própria idade. Uma mulher o encontrou jogado em uma caçamba de lixo em Nova York há 70 anos, quando ele era um recém-nascido. Levou-o para casa, deu a ele um nome e o criou da melhor maneira que pôde. O bebê resgatado do lixo transformou sua vida em uma missão para ajudar os desabrigados. Durante mais de 20 anos, ele trabalhou na Missão da Cidade, em Cleveland, fazendo de tudo um pouco, desde preparar a sopa até arrumar as camas, tudo em nome do amor por esses homens que se sentem como se fosse impossível serem amados.

"Eu acabei ao lado dos sem-teto", diz John, sorrindo diante da ironia. "Toda a minha vida foi um grande milagre."

Os homens que ele ajuda não sabem como chamá-lo. Às vezes ele atende por reverendo Wood, irmão John, Woods ou Doc. Se John tivesse um currículo, ele seria caracterizado como assistente social, motorista de caminhão, técnico em emergências médicas, ministro e embalsamador.

Ele foi convidado para a missão por um pastor de Cleveland, na época em que os homens sem moradia eram todos velhos alcoólatras favelados. Agora a Missão da Cidade, um moderno complexo de edifícios, atende principalmente jovens com problemas relacionados às drogas.

Quando John começou seu trabalho de ministro, a missão tinha apenas cinco funcionários. Hoje são 62. Ele dirigia um ônibus caindo aos pedaços, consertava os canos com vazamento e queimava o lixo. Ainda guarda a faca que um homem embriagado atirou contra ele alguns anos atrás.

"Nossa, passamos por tanta coisa!", diz, com um sorriso no rosto. Ele se lembra de descer ao porão da antiga sede para queimar o lixo e se deparar com centenas de ratos.

"Eles já se foram", brinca. "E eu também."

Eu o conheci em sua festa de aposentadoria. Ele queria passar mais tempo com a esposa, Bea. Pretendia continuar pregando na prisão e visitar contraventores com problemas mentais.

"Eu não fico simplesmente pregando sem parar", explica. "Eles têm problemas e mágoas. Eu apenas ouço o que têm a dizer."

Suas orelhas parecem pequenas asas contornadas pelo cabelo branco e curto. Uma faixa alaranjada corre para o centro, um lembrete do menino ruivo que encontrou Deus aos oito anos e nunca mais o abandonou.

No almoço de despedida, John sentou-se em silêncio com as mãos cruzadas sobre as pernas enquanto as pessoas vinham cumprimentá-lo.

"John Wood foi como um pai para mim e para todos os homens no programa", disse um funcionário junto de um coro de améns entoado por companheiros que sabiam quantas vezes John levou pessoas para casa ou para passeios ao zoológico.

Outro homem ressaltou que John usava a Bíblia como se fosse um livro de histórias, compartilhando contos de esperança. "Ele era como Moisés", disse o homem. "As pessoas no programa eram como seu povo."

John dirigiu-se, então, ao púlpito e leu algumas palavras do profeta Jeremias, parecidas com sua história de vida. Disse a todos aqueles que ele ajudou que se sentissem amados.

"Antes que te formasse [...], eu te conheci", leu John. "Eu te consagrei."

John disse que não poderia assumir o crédito por nenhum dos homens que ajudou a salvar. "Apesar de eu pregar o Evangelho, não tenho de ser glorificado", declarou.

Em seguida, fechou bem a Bíblia de capa preta cujos marcadores estavam reduzidos a alguns fios e saiu do púlpito, com a cabeça baixa, como se orasse por alguma alma perdida.

Todo mundo é importante para alguém. Essa é a mensagem que todos aprendem ou ensinam na Missão da Cidade.

Há outro homem que pratica esse lema quando atua como voluntário ali. John Gulley não prega com palavras, mas com cortes de cabelo. Ele é capaz de devolver a dignidade a um homem em 20 minutos ou menos. Em suas mãos, um pente se transforma em uma varinha mágica, tesouras ganham asas e mendigos sem-teto ganham honra com um pouco de loção pós-barba.

O lugar da barbearia é o banheiro masculino, e é lá que John Gulley corta os cabelos dessas pessoas, cabelos que não são lavados há dias e que de vez em quando abrigam pequenas criaturas.

Aquele homem alto, de rosto grande, acolhedor e paternal como Bill Cosby sabe que a única diferença entre o homem na cadeira e todo o resto é uma escolha malfeita.

Os cabelos de John estão ficando grisalhos, mas suas sobrancelhas são tão espessas quanto o avental que ele usa para cortar cabelos. Duas vezes por semana, ele veste luvas de látex e arma seu salão entre a pia e o urinol. Em algumas ocasiões, ouve música gospel enquanto corta os cabelos. Quando o vi trabalhar, o barulho dos grampos, o assobio das tesouras e o burburinho das conversas serviam de pano de fundo para a música.

"Ele é muito gentil", diz Anthony, que chegou com uma cabeleira afro. Anthony virou-se para olhar os grandes chumaços de cabelo no chão, um ano deixando crescer. Cuidadosamente, John passou o pente pela cabeça do homem para dividir o cabelo. Logo, pôs um pouco de talco em um pincel e passou em Anthony.

"Muito bom", disse Anthony enquanto olhava o resultado do corte, parecido com um militar, mas um pouco mais alto em cima da cabeça. "Obrigado."

No momento em que o homem saiu, outro entrou em cena. Em alguns dias, John chega a fazer 35 cortes.

"Como estão as coisas hoje, Bill?", pergunta John. "Quer cortar careca?"

"Quase careca, mas não tanto", responde Bill. Enquanto o cabelo negro cai no chão, Bill fecha os olhos e relaxa; e John fala sobre seus clientes.

"Todos nós cometemos erros", observa. "No entanto, cometemos erros diferentes. Eles não são piores do que eu. São apenas consequências das próprias escolhas. Meus problemas e meus erros não fizeram tanto mal a mim quanto os deles fizeram a eles", explica.

"Você não quer deixar um pouco mais alto aqui?", pergunta John a Bill.

"Não, senhor", responde Bill com educação.

John não recebeu nenhuma espécie de treinamento como cabeleireiro. Aposentou-se cedo na United Parcel Service, depois de 25 anos de trabalho, e passou a atuar como voluntário na Cruz Vermelha, a doar sangue e a ajudar vítimas de desastres. Ele cortava o cabelo de algumas pessoas em sua igreja quando percebeu que os sem-teto estavam com uma má aparência. Então, ligou para a Missão da Cidade oferecendo-se para ajudar.

"Rezo todas as manhãs e peço a Deus para guiar meus olhos, minhas mãos e dar força para minhas pernas, pois sei que não sou cabeleireiro. Peço a Ele para me eximir de desatenção e cansaço enquanto não tiver terminado", conta John. Segundo ele, até hoje ninguém se queixou de seu trabalho. "Eles dizem que dá para tolerar."

"Você sabe qual é a diferença entre um corte de cabelo bom e um ruim?", pergunta antes mesmo de dar a resposta. "Quatro dias."

Don sentou-se e John vestiu uma capa preta ao redor do seu pescoço.

"Ele é excelente", afirma Don.

"Ele está sendo gentil", diz John.

"Estou sendo honesto", rebate Don.

John nunca cobrou um centavo por seus cortes. E nunca vai cobrar.

"Tenho Deus como testemunha. Não vou fazer isso por dinheiro. Na verdade, não gosto de cortar cabelo, mas amo o jeito que faço. Simplesmente me sinto bem quanto termino." A maior parte desses homens não tem dinheiro para pagar por um corte de cabelo. Eles acabaram de sair da cadeia, e a situação deles pode ficar pior, por causa de toda a mendicância.

"Eu bebia muito. Fazia isso todo dia, todo dia mesmo. Um dia Deus me fez parar com isso. Eu também adorava praguejar, e do mesmo modo Ele foi meu amparo. Deus me fez enxergar como isso tudo era feio."

Depois de se livrar da própria feiura, John consegue ajudar esses homens a encontrar a beleza interior.

"O corte de cabelo é uma coisa secundária", diz John. "É apenas o meio."

Ele apara os pelos do nariz de Don e depois lhe entrega o espelho.

"Eu me sinto especial", diz o pobre homem diante do próprio rosto no espelho.

"Bonito. Ficou bonito."

LIÇÃO 12

Fale pelos outros, principalmente quando eles não estiverem perto para falar por si mesmos

Houve muitas ocasiões em minha vida nas quais eu deveria ter me pronunciado, mas não o fiz.

Certa vez, em uma conversa por telefone, um atendente começou a me falar sobre seu trabalho. Ele mencionou como um consumidor podia ser sovina. "Você iria achar que o sobrenome dele era Goldstein", disse ele, antes de mudar de assunto.

Dentro de mim, uma voz gritou: *Goldstein? Ele acabou de insinuar aquele velho estereótipo de que judeus são mão-fechada com dinheiro? Você não vai dizer nada?* Mas eu não quis parecer dona da razão, então não disse nada.

Durantes as férias, dois irmãos estavam provocando um ao outro na praia. O pai ficou nervoso e puxou um dos meninos de lado, ordenando que ele parasse. Assim que o menino parou, ele o mandou sentar. E assim que o garoto sentou, o pai o mandou levantar. O menino ficou levantando e sentando como se fosse um cachorro obediente até começar a chorar.

Por mais de 15 minutos o pai exigiu que o filho obedecesse a seus comandos. Todos ao redor assistiram à humilhação, mas ninguém fez nada. Enquanto o menino ficava cada vez mais nervoso, o irmão às gargalhadas começou a jogar areia e brinquedos nele. E o pai não fez nada com o outro filho.

Novamente, uma voz dentro de mim queria gritar para o pai: *Pare! Deixe o menino em paz*, enquanto outra voz sussurrava: *O filho é dele. O problema não é seu.*

E eu não fiz nada.

Em outra ocasião, agora em um café em Cleveland, comecei a dialogar com um grupo de mulheres. Depois de alguma conversa despretensiosa, uma delas contou uma piada que poderia ser considerada racista. Fiquei estupefata. Não houve risadas no grupo, tampouco algum tipo de repreensão. Rapidamente, alguém mudou de assunto.

Dentro de mim uma voz berrava: *Como você pode permitir que ela demonstre o próprio preconceito disfarçado em uma peça de humor? Diga alguma coisa!*. Outra voz me censurava: *Não faça um escândalo. Você nem a conhece. Basta não rir.* Eu dei ouvidos à voz errada e não disse nada.

Caminhando até o estacionamento após um jogo de futebol em uma escola em Kent, passamos por alguns homens em um carro possante no qual a palavra *Ford* em letras garrafais ocupava todo o vidro traseiro. Meu amigo comentou em voz alta como os achava bregas. Alguns minutos depois, os ocupantes do carro deram a volta e gritaram palavras racistas contra ele. Meu amigo ficou furioso, mas em nenhum momento admitiu que o incidente foi causado por seu próprio comentário. Para não piorar a situação, eu não disse nada.

Em um sábado, quando íamos de carro a uma festa local em Twinsburg, com um casal de amigos, um amigo nosso emparelhou seu Porsche e brincou sobre as gatinhas que iria paquerar na festa. Ele estava interessado em apenas uma coisa e, dando risada, manifestou explicitamente por meio de gestos que queria um belo e grande par de seios. A moça que viajava comigo ficou furiosa com esse comportamento em relação às mulheres, tratando-as como objetos. Eu era a única outra mulher no carro e queria me juntar a ela em suas objeções, mas não falei nada.

Certa noite, ao sair de um jantar em Cleveland para assistir a uma peça de teatro, notei uma família de cinco pessoas voltando para dentro do carro. De repente, o pai deu um chute nas costas do filho. Quando o menino começou a chorar, eu quis me levantar e mandar o homem parar. Mas quem era eu para dar uma lição de moral no pai? Poderia ser perigoso. E se ele estivesse armado? E se depois que eu saísse ele machucasse ainda mais o menino?

Ainda consigo ouvir meu silêncio. Cada vez mais alto.

Você consegue ouvir o seu?

Muitos de nós continuamos em silêncio. Anos atrás, escrevi uma matéria investigativa sobre um adolescente de Rittman, Ohio, preso pelo assassinato do próprio pai. Durante anos, Will Snyder sofreu agressões constantes desse homem alcoólatra, que também padecia de um sério problema mental não tratado. Então, na manhã de 21 de janeiro de 1996, o quieto adolescente de 17 anos, que nunca havia se metido em encrencas, pegou um taco de beisebol e matou o pai enquanto ele dormia. Assim que a notícia veio à tona, diversos vizinhos e amigos telefonaram para a polícia em defesa do garoto. Contaram aos policiais sobre todas as ocasiões em que encontraram o menino machucado.

Os vizinhos já haviam presenciado o pai bater tão forte em Will que ele chegou a cair no chão. Amigos já tinham visto Will com olhos roxos, machucado e com hematomas. Depois que a polícia concluiu a investigação do assassinato, 70 pessoas testemunharam que o garoto fora espancado durante anos pelo pai. Will foi condenado por homicídio culposo, quando não há intenção de matar. O juiz o sentenciou a cinco anos de liberdade condicional. Ninguém havia dito nada até ser tarde demais.

Há um famoso discurso proferido pelo pastor Martin Niemöller sobre o fato de os bons alemães não terem levantado a voz durante o regime nazista para defender os direitos dos outros. Trata-se de uma poderosa mensagem para todos nós:

> Primeiro eles vieram atrás dos comunistas, e eu não disse nada porque não era comunista.
>
> Depois eles vieram atrás dos sindicalistas, e eu não disse nada porque não era sindicalista.
>
> Depois eles vieram atrás dos judeus, e eu não disse nada porque não era judeu.
>
> Então eles vieram atrás de mim, e já não restava ninguém mais para falar por mim.

Por que não nos pronunciamos?

Por medo de errar. Por medo de afundar o barco. Por medo de nos machucarmos.

No entanto, é por causa de nosso silêncio que outros continuam a ser feridos.

O reverendo Allan Boesak, da África do Sul, que lutou contra o apartheid, disse certa vez que, quando estivermos diante de Deus para o julgamento, depois de termos morrido, Ele perguntará: "Onde estão suas feridas?".

Muitos de nós responderemos: "Eu não tenho feridas."

E Deus perguntará: "E não havia nada pelo que valesse a pena lutar?".

LIÇÃO 13

Nasça novamente todos os dias

O telefone tocou no fim de uma noite de domingo, pouco depois das 21h30. A mulher pigarreou, limpou a garganta e deixou uma breve mensagem em minha secretária eletrônica do trabalho depois de eu ter escrito uma coluna otimista.

"Acabei de ler seu artigo no jornal de hoje. Nasci na década de 1930. Minha mãe não era casada, diante disso fui enviada para adoção. Preferia ter sido abortada, pois nunca tive uma vida feliz. Tenho certeza de que existem muitas pessoas por aí que sentem a mesma coisa que eu."

Ela desligou em seguida.

Ouvi a mensagem algumas vezes para tentar identificar se ela estava nervosa, magoada ou as duas coisas. A mulher desejava não ter nascido. Com mais de meio século de vida ainda não havia experimentado a felicidade.

Tentei imaginar o que era felicidade para essa senhora.

Será que ela nunca havia visto um glorioso pôr do sol no horizonte? Será que ela nunca havia observado as centenas de estrelas no céu noturno? Será que ela nunca havia beijado alguém com paixão?

Talvez ela nunca tivesse descido uma ladeira de bicicleta com o vento batendo em seu rosto. Ou talvez nunca tivesse caminhado na beira de um riacho e sentido a terra molhada entre os dedos dos pés. Será que ela nunca havia feito um boneco de neve? Lido um grande livro? Ganhado um brinquedo?

Ela media a felicidade em momentos ou em anos? Devia ser em anos.

Talvez ela tivesse somado todos os anos em uma conta e decretado que sua vida era infeliz.

Talvez ela nunca tenha superado o sentimento de abandono por sua mãe biológica. Talvez as pessoas que a adotaram tenham sido cruéis ou agressivas. Mas nenhum de nós – nem mesmo aqueles que estão com os dois pais desde o princípio – tem a garantia absoluta de amor incondicional e de felicidade. A vida não é assim.

Ela é mais excitante do que isso.

Seríamos descontentes mesmo se fôssemos felizes o tempo inteiro. Como um verão eterno, ficaríamos entediados com o brilho do sol e o céu azul todos os dias do ano. É por isso que eu amo o Estado de Ohio. Temos uma grande mistura de tempestades de raios, nevascas, ondas de calor, folhas caindo no outono e guerras de bola de neve.

Ninguém leva uma vida ideal. Mas, se todo mundo pudesse jogar a própria vida em uma pilha e trocar por outra, a maior parte das pessoas pediria a própria vida de volta. Eu retomaria a minha, apesar de todas as mágoas, medos e momentos de desespero. Eu não iria querer nada menos do que tive.

Ela realmente imagina que estaria melhor se estivesse morta? E desejava nunca ter nascido. Pensei em Jimmy Stewart naquela ponte no filme *A felicidade não se compra*, pronto para acabar com tudo, e em como aquele anjo desastrado chamado Clarence mostrou a ele como o mundo sentiria sua falta.

Talvez essa mulher jamais tenha feito algo tão dramático quanto salvar a vida de uma pessoa, mas certamente ela tocou alguém ao longo de todos os anos vividos no planeta. E se ela ainda não tivesse feito a diferença para um ser humano, agora seria o momento.

Eu queria dizer a ela para começar a viver. Se sua dor é provocada por pais que não foram amorosos, busque aconselhamento. Divorcie-se da sua família e crie uma nova com amigos que amam você. Seja voluntária em algum lugar no qual possa amenizar a dor de outra pessoa.

Também queria dizer a ela para conversar com Deus. E se Ele fosse um estranho ou um ser cruel que a julgaria, então meu conselho seria para encontrar um novo Deus.

Queria dizer a ela que até mesmo as pessoas cujos pais foram extremamente amorosos e protetores em todas as ocasiões não podiam ter felicidade garantida. Ninguém tem todos os seus sonhos transformados em realidade. E, mesmo que isso aconteça, em geral é só depois de a vida ter desviado as pessoas do caminho por um tempo.

Gostaria de dizer a ela para "dar uma sacudida" na vida. Se odiava o trabalho, que arrumasse um novo ou, ao menos, assumisse uma nova atitude diante dele. Se estava cansada da própria casa, que trocasse os móveis de lugar, pintasse uma parede e derrubasse outra.

Minha vontade era dizer a ela que reescrevesse a própria vida e fizesse uma nova arrumação. Que limpasse as calhas todos os dias. Que começasse uma nova tela pela manhã, pintando-a loucamente todos os dias, sem preocupações, sem medos.

No entanto, era impossível dizer algo a ela. A mulher não deixou nome nem número de telefone, apenas uma parte de seu sofrimento, além de uma mensagem importante: a felicidade é uma escolha. Às vezes, é justo a escolha que não faço. E, em vez disso, me chafurdo em autopiedade, medo, raiva ou tristeza. Quando isso acontece, paro e pergunto a mim mesma: *Você quer ser feliz?*

Às vezes a resposta é não, e me surpreendo diante disso. Mas, ao pronunciar essa palavra, fica bastante claro que estou escolhendo ser infeliz. Tal comportamento não dura muito tempo, pois sei que cabe a mim decidir o fim disso tudo. Às vezes, isso termina simplesmente indo dormir mais cedo.

Pela manhã eu tenho uma chance de renascer, uma chance de me dar à luz. Quem não ama um recém-nascido? Ninguém o julga, pois ele é perfeito do jeito que é.

Certo dia, meu amigo Don Cozzens, um padre católico, concluiu um sermão com as seguintes palavras: "Nós não somos pessoas quebradas que passam a vida se remendando; nascemos inteiros e passamos a vida descobrindo isso".

Por que não descobrir sua plenitude todos os dias diante do espelho? Reivindique seu direito de nascer. Descubra a verdade nestes maravilhosos versos de Isaías: "Chamei a ti pelo nome [...]. Eis que na palma das minhas mãos eu te gravei".

O que você enxerga quando se olha no espelho? Eu quero ver exatamente o que Jessica viu. Ela é a garotinha de cinco anos de idade e cabelos loiros cacheados que ficou famosa por causa de um vídeo no YouTube em que pula em cima do balcão da pia, no banheiro, enquanto grita coisas para o espelho. No vídeo, que recebeu o nome de Daily Affirmation [Afirmação Diária], a menina enfia os pés na pia e inicia uma conversa animada com o espelho.

"Minha casa inteira é maravilhosa. Posso fazer tudo o que quiser. Gosto da escola. Gosto do meu pai. Gosto dos meus primos. Gosto das minhas tias. Gosto da minha mãe. Gosto das minhas irmãs."

Ela aperta os punhos finos e continua: "Eu gosto do meu cabelo. Gosto dos meus penteados. Gosto dos meus pijamas. Gosto das minhas coisas. Gosto do meu quarto. Gosto da minha casa inteira!". Ela, então, bate as mãos como se estivesse pronta para enfrentar o mundo.

"Minha casa inteira é maravilhosa. Posso fazer tudo o que quiser", repete ela quando desce da pia, passando por um penico e uma banheira cheia de brinquedos. "Sim, sim, sim, sim, sim. Posso fazer tudo de bom, melhor do que qualquer um!"

Quem não quer se sentir assim todas as manhãs, tão maravilhosamente bem? Algumas pessoas podem pensar que recitar afirmações é tolice. No entanto, pesquisas mostram que a felicidade é um trabalho interior. A dra. Sonja Lyubomirsky, autora de *The How of Happiness: A Scientific Approach to Getting the Life You Want*, estuda a felicidade humana. A pesquisa feita por ela mostra que as circunstâncias da vida representam apenas 10% de nossa felicidade.

Só isso?

Sim.

A genética representa 50%.

E o resto? Tudo por sua conta.

E se você transformasse esses 40% restantes em 100%?

Linda Wisler Luft, que dirige a Fireball Coaching and Consulting na cidade de Columbus, costumava se sentir "presa", como se nada acontecesse em sua vida. O medo de morrer por conta de um câncer a libertou. Ela desenvolveu uma carreira ajudando outras pessoas a se movimentarem. Seus conselhos são para que os outros percebam como observam a vida atualmente. Decida o que você quer e o que não quer.

Ela encoraja o uso de objetivos específicos, mensuráveis, alcançáveis, realistas, e explica que é preciso haver tempo suficiente para cumpri-los. Tente visualizar cada meta como se já tivesse sido conquistada. Veja-se 20 anos à frente. Como você quer que seja seu futuro? Então, faça-o nascer a cada dia.

Todas as manhãs, quando se olhar no espelho, afirme o milagre que você é. Em seguida, comece seu dia e observe os acontecimentos.

LIÇÃO 14

Às vezes, é suficiente fazer uma pessoa feliz

Se você assistiu ao filme *As confissões de Schmidt*, com Jack Nicholson, chegou a pensar em algum momento da história se a vida desse homem realmente importava para alguém? A recompensa está no fim da trama, quando, nos escombros de sua vida, Schmidt percebe que era importante para uma criança.

Às vezes, estamos tão ocupados tentando proporcionar felicidade às pessoas que fazem parte de nossa vida que não percebemos que talvez seja suficiente fazer *uma* pessoa feliz. Meu amigo Kevin Conroy, um padre católico, segue o lema "comece pelos pobres". Ele trabalhou como padre missionário em El Salvador e no Camboja. É o sujeito que recolhe os cheques assinados nos Estados Unidos para ajudar crianças que precisam de comida, livros e medicamentos.

Eu o conheci em 1986, época do meu primeiro emprego como jornalista, quando pensava em mudar o mundo. No entanto, eu era sempre enviada para cobrir reuniões da comissão de zoneamento nas quais se discutiam coisas como a altura de uma cerca construída em um jardim da cidade de Lorain. Coisa chata. Então, o jornal resolveu fazer uma série de reportagens sobre pobreza. Entrei nessa. Mas onde procurar pessoas pobres? Todos os meus contatos diziam: "Converse com o Kevin. Ele sabe onde estão todas as pessoas pobres".

O padre Kevin me levou para todos os cantos de Lorain – trilhos, motéis, sopões. Havia pessoas pobres por todas as partes. Como eu não havia percebido?

Depois, ele continuou seu trabalho voluntário em El Salvador e no Camboja. Não sem antes me ensinar que nunca devemos nos esquecer de que pequenos atos de amor são a essência do trabalho missionário.

"Eu vivo em um mundo onde se vive com um dólar por dia", disse Kevin. Em Phnom Penh, ele atua no programa Little Sprouts, de crianças órfãs por causa da aids. Todas as 270 são soropositivas. A mais nova tem três anos; a mais velha, 18. Quando Kevin se despediu para visitar a família em Cleveland, as crianças choraram. Tinham medo de não voltarem a vê-lo nunca mais. Para elas, quando uma pessoa vai embora, raramente retorna. Quando ele foi para o aeroporto, as crianças realizaram um sorteio para ver quem iria com ele no carro.

Segundo a filosofia de Kevin, de vez em quando não há problema em dar o peixe a uma pessoa antes de ensiná-la a pescar. Se não dermos o peixe às crianças com aids, elas não vão viver tempo suficiente para aprender a pescar. Ele acredita que servir aos pobres significa ir aonde você é necessário e não é querido, e permanecer até ser querido, mas não mais necessário.

Uma de minhas histórias favoritas sobre Kevin refere-se a uma ocasião na qual ele esteve em Honduras para ajudar as vítimas de um furacão. Três dias após a passagem do furacão Mitch, em 1998, entidades se mobilizaram para coletar suprimentos médicos, aspirinas, antibióticos, curativos e outros artigos de primeiros socorros. As pessoas levavam esses itens aleatoriamente a igrejas e aeroportos. Todos sentiram uma imensa necessidade de reagir.

A tempestade havia despejado mais de 1.500 milímetros de água em Honduras em apenas cinco dias, modificando a terra e o povo para sempre. Foram mais de 19 mil mortos.

O povo de Honduras precisava de remédios, não de brinquedos. Porém, no aeroporto, uma mulher insistia em enviar uma boneca gigante. O que aconteceu foi que, quando ela estava empacotando a ajuda às vítimas do furacão Mitch, seus filhos pegaram a boneca no quarto e a colocaram junto das doações. Não, ela disse, levem de volta. A boneca a acompanhava desde sua infância, portanto não poderia partir.

Por três vezes ela virou de costas e por três vezes as crianças recolocaram a boneca junto da ajuda. Na quarta vez, a mulher abraçou a boneca e chorou. Estava decidido o destino do brinquedo. A boneca iria embora.

Ela entregou os suprimentos e a boneca a Martha Ponce, presidente da Associação Hondurenha de Cleveland. A mulher segurou a boneca contra o peito, contou a Martha sobre como o brinquedo era importante para ela e insistiu que fosse parar nas mãos da criança certa.

Martha não pretendia ir a Honduras, mas acabou acompanhando um grupo em uma missão de solidariedade durante cinco dias. Ela havia se mudado de sua terra natal 23 anos antes. Kevin também foi. George Muehlheim, um paramédico do Corpo de Bombeiros de Cleveland, inspirou-se a ir depois de ter visto pela TV os resultados da devastação. Como todos eles, George sentia-se afortunado e queria devolver alguma coisa a outras pessoas.

Quando Kevin e George encontraram-se no aeroporto, não sabiam ao certo que destino dar à boneca, que era do tamanho de uma criança e estava ali em meio às malas, caixas, mochilas, antibióticos, líquidos de hidratação e outros itens médicos doados por igrejas e farmácias da região. Para que ter o trabalho de levar a boneca?

A mulher que havia doado a boneca prometera: "Vocês vão saber a quem doá-la".

"Não acho que vou saber", pensava Kevin, não se preocupando com aquela coisa mágica. A boneca de longos cabelos louros nem era culturalmente adequada para uma menina hondurenha.

Kevin não sabia o que fazer com a boneca. Carregou-a em seu colo durante o voo. O avião estava cheio de paramédicos, pessoas com uniformes da Cruz Vermelha e até mesmo cães farejadores para auxiliar no resgate. Quando chegaram a Honduras, dispersaram-se em diferentes veículos. Havia muita destruição, de modo que levaram um dia para chegar a seu destino.

O padre Kevin tomou um táxi do tamanho de um Fusca, ficando esmagado entre mais três pessoas e a boneca. Eles atravessaram um riacho cheio de pedras nas margens, e ele ainda carregava a boneca. Subiram dez metros de altura em uma escada improvisada que vacilava a cada degrau, e ele levava a boneca. Em mais de uma ocasião Kevin se perguntou por que estavam caminhando com aquela boneca de um lado para outro. Ele murmurou entredentes em alguns momentos: "O que estamos fazendo com essa porcaria aqui?"

A resposta veio quando eles encontraram uma menina de oito anos que há dias dizia a todo mundo: "Alguém está me trazendo uma boneca".

Eles chegaram ao povoado de Jutiapa ao anoitecer, onde não havia eletricidade. A equipe pretendia entregar os suprimentos às clínicas da região e ajudar a distribuí-los para tratar os enfermos. Porém, primeiro, eles pararam em uma igreja, e lá Martha falou sobre a boneca ao padre e a dois religiosos. Os três homens responderam uma única palavra ao mesmo tempo: "Kaila".

Kaila?

Kaila era uma menina pobre que já não estava bem mesmo antes da chegada do furacão. Ainda assim trabalhava como voluntária em um abrigo improvisado no povoado. Quando 200 pessoas apareceram para comer, Kaila ficou e lavou pratos. Ela também estava ali no dia seguinte, quando apareceram 300 pessoas, e continuou lá quando 400 pessoas vieram.

A família da garota havia perdido tudo no furacão e estava hospedada na casa de parentes. Eles já não tinham muita coisa na cabana onde moravam, que foi totalmente destruída. Além de ser muito pobre, não possuía brinquedos nem ao menos uma boneca para brincar. As outras meninas não a deixavam participar das brincadeiras e a provocavam, rejeitando-a por ser tão pobre.

Um dia, depois de ser provocada, Kaila teve um sonho: alguém trazia a ela uma boneca. Acordou empolgada e contou o sonho para a mãe, para as crianças na escola e para o padre na igreja.

A mãe dela prometeu: "Um dia terei dinheiro para comprar uma boneca para você".

"Não", protestou Kaila. "Alguém está me trazendo uma boneca."

Quando viu a boneca, a menina descalça começou a chorar. Era exatamente igual à boneca de seu sonho, com o mesmo cabelo longo, o mesmo rabo de cavalo, os mesmos lacinhos e o mesmo vestido florido.

"Mamãe, mamãe, eu disse a você", gritou Kaila.

Todo mundo chorava.

Kevin ficou impressionado. "Para mim, nossa missão era toda essa coisa médica. Mas talvez nossa missão fosse apenas fazer essa criança feliz", ele me disse.

Às vezes, as coisas que você imagina sem valor e sem importância são as que têm o impacto mais profundo. Não se pode fazer todo mundo feliz nem resolver todos os problemas. Mas é possível fazer uma pessoa feliz, e isso já é bom o bastante.

LIÇÃO 15

O segredo da vida não é nenhum segredo; ele está espalhado por toda sua vida

Qual é o segredo da vida? O que é preciso para ser feliz?

Conseguir um aumento?

Não.

Aposentar-se com uma boa pensão?

Errou de novo.

Ganhar na loteria e mudar-se para a mansão dos sonhos?

Eliminado.

Parece que, todos os anos, especialistas chegam à conclusão de que dinheiro extra não faz ninguém mais feliz. É claro que as pessoas não querem ser pobres, mas uma vez que suas necessidades básicas de alimentação, moradia e educação são atendidas, o dinheiro extra não vai comprar a felicidade.

Conclusão? Segundo os estudiosos da felicidade, o tamanho importa – do salário, seja dito –, mas não tanto quanto você pensa. Sim, eles são economistas e psicólogos pagos para estudar a felicidade. Meu palpite é que eles são bastante felizes.

A felicidade é um assunto quente. Um estudo publicado na revista *Science* mostra que as pessoas com altos salários não se declaram mais felizes; elas mostram mais probabilidade de serem ansiosas e nervosas. Outro artigo diz que ter filhos, aposentar-se e ter um animal de estimação não interferem na felicidade de uma pessoa. O estudo não diz o que acontece se você experimentar as três coisas.

Os especialistas concluíram que suas expectativas moldam a vida mais do que a vida molda as expectativas. Não se pode controlar o que acontece na vida, mas é possível controlar a reação a esses acontecimentos.

Qual é o segredo da vida? De acordo com o filme *Amigos, sempre amigos*, é apenas uma coisa. Qual? Você vai ter de descobrir. No filme, três homens de meia-idade procuram motivos para sorrir. Eles acabam aprendendo que o segredo da vida é uma coisa só, mas eles não revelam em nenhum momento o que é. Você precisará descobrir sozinho.

Como descobrir?

Os especialistas propõem as seguintes dicas para fomentar a felicidade: escolha tempo em vez de dinheiro; medite e reze; fique em paz com seu passado; passe mais tempo com os amigos; aproveite ao máximo o dia, o momento, os biscoitos. Tudo bem, esta última dica é minha.

As pessoas costumam recorrer a guias espirituais em busca de respostas. Depois elas passam a procurar técnicos, treinadores para a vida. Eu acredito nos monges para os quais o segredo é encontrar Deus no momento presente. Se você conseguir isso, vai descobrir que o segredo da vida não é segredo nenhum.

É uma roupa bem larga e confortável. Poemas de Mary Oliver e Billy Collins. Músicas de Louis Armstrong. Chocolates Godiva.

É ouvir com os dois ouvidos. Chamar alguém para dançar. Dirigir de faróis baixos. Amar o reflexo no espelho. Esperar seus pais chegarem. Dar uma chance a todo mundo. Não contar o placar. O lado geladinho do travesseiro. Rímel à prova d'água.

O segredo da vida é saber que ninguém sai dela vivo. Amar cada minuto. Levar um estepe no porta-malas do carro. Lembrar-se de conferir o nível do óleo. Usar roupas de algodão. Saber quando parar. Segurar um recém-nascido no colo. Rir quando estiver contente. Chorar quando estiver triste. Sair da frente. Deixar recados no armário. Ousar ser diferente.

Não lamentar nada. Amar a Deus incondicionalmente. Ficar em paz com a natureza. Ter amigos que entendam de computador. Cobrar menos dos outros. Amar uma criança. Elogiar seu chefe. Sorrir para os clientes. Ensinar uma pessoa a ler. Fazer biscoitos.

Dar flores de presente. Ler as seções de piada. Cabular aulas. Começar pela sobremesa. Vestir uma lingerie vermelha. Acender velas perfumadas. Não amadurecer. Não envelhecer. Dançar danças típicas. O ranger das tábuas da varanda de madeira. Desenhos animados nas manhãs de sábado.

O segredo da vida está em esquecer aquilo que o deixa louco. Brindar a um casal recém-casado. Falar o que pensa. Rezar pelos outros. Brincar de esconde-esconde com uma criança. Virar o lado do colchão. Contratar uma empregada. Calçar sapatos confortáveis. Saber o nome do carteiro. Andar na sua faixa.

Cantar as músicas de Natal em julho. Caminhar sem destino certo. Ver Gene Kelly e Fred Astaire dançarem.

Tomar milk-shake de chocolate bem consistente. Reuniões para largar algum vício. Tomar café descafeinado depois das oito da noite. Viajar para ver o oceano. Andar no carrossel. Usar trajes de banho confortáveis. Usar protetor solar fator 30. Um par de luvas quentinhas. Terapias de grupo. Banhos com sais e à luz de velas. Pijamas flanelados. Uma caixa de giz de cera de 64 cores. Uma música em seu coração.

Obedecer ao limite de velocidade. Devolver algo que pegou emprestado. Podar uma macieira. Deixar boas gorjetas. Pagar as contas dentro do prazo. Não provocar as abelhas. Honrar seus votos matrimoniais. Dar cambalhotas no jardim. Agradecer a um professor. Ajoelhar-se para rezar. Ser persistente. Encomendar comida pronta. Deixar seus funcionários saírem mais cedo.

O segredo da vida está em descer rolando por uma encosta. Brincar na grama. Cantar na chuva. Receber cartas de verdade, escritas à mão. Saber onde ficam todos os ninhos de passarinho. Deixar as teias de aranha em paz. Fazer perguntas idiotas. Fazer um pedido para uma estrela cadente. Nunca ir dormir com raiva. Pedir ajuda.

Mandar beijinhos. Ursinho Puff. Músicas de acampamento. Abrir o teto solar do carro. Passear pelo campo. Um par de meias novas. Balanços feitos de pneus. Recesso escolar. Comer cereais antes de dormir. Fogos de artifício. Um bom livro na mesinha de cabeceira. Ver filmes em drive-ins. A Oração da Serenidade. Alguém em quem confiar. Um pêssego enorme e suculento. Ursinhos de pelúcia com um olho só.

O segredo da vida está em dizer "eu te amo". Falar a verdade. Dar doces para as crianças no Dia das Bruxas. Ler os clássicos. Enquadrar suas fotografias. Perdoar todas as dívidas. Usar sempre uma máquina fotográfica. Fazer espantalhos. Usar palavras que todos entendam. Conferir se as pilhas estão boas. Não ter de estar certo. Admitir quando estiver errado.

Longas caminhadas pelo bosque. Andar a cavalo na chuva. Dias de neve. Caraoquê. Um novo par de sapatos. Fotos antigas. Uma maçã enorme e suculenta. Andar de carroça. Brincadeiras de criança.

Ficar contente pela pessoa que ganhou, mesmo que não tenha sido você. Tocar a buzina. Estar ao lado de seu melhor amigo. Ligar só para dizer oi. Escrever uma carta que começa lenta e acaba ficando com cinco páginas. Atravessar os limites entre os estados. Ficar até tarde conversando com sua mãe. Tentar não rir quando já estiver cheia de problemas.

Vestir um jeans na medida certa. Passar um trote. O amor de um avô. Adrenalina. A primeira neve do ano. Reuniões de família. O Salmo 23. Beijo de esquimó de uma criança de três anos. Queijo quente e sopa de tomate em um dia frio. Pequenos animais de estimação. Anjos de neve. O cheiro de novo do tênis que você acabou de comprar. A cara de riso de alguém quando você faz algo inesperado.

Assistir a filmes antigos. Sentar na varanda para ver uma tempestade de raios. Andar descalço na grama depois de uma chuva de verão. Tentar algo novo. Passar um dia sem fazer nada. Esculpir abóboras. Tratar as pessoas com respeito. Saber as consequências antes de agir. Dizer que não vai trabalhar porque está doente.

Lição 15

O segredo da vida está em saber que você, sozinho, é capaz de transformar qualquer coisa em realidade. Seguindo seu coração. Tendo fé em si mesmo. Sendo livre para fazer o que quiser na hora que bem entender. Lembrando-se de quem você é e de onde veio.

O segredo da vida não é segredo nenhum. Ele está pulverizado por toda a sua vida. É celebrar o que já existe. Aqui. Agora. A seu redor.

LIÇÃO 16

Se você não puder ser a pedra, seja a onda

Majok Thiik Madut escapou da guerra civil no Sudão, fugiu dos tiros dos soldados rebeldes, cruzou rios cheios de crocodilos, esquivou-se de leões e hienas e escondeu-se do sol abrasador enquanto caminhava nas quentes areias do deserto por quilômetros e quilômetros, até que encontrou segurança nos Estados Unidos e morreu em um ponto de ônibus em Cleveland.

Ele e outros Garotos Perdidos do Sudão fugiram de sua pátria de um modo quase bíblico – órfãos, desabrigados, sem posses e sem ter ninguém a não ser uns aos outros. Juntos, eles aguentaram anos em campos de refugiados no Quênia, sem família nem lugar que pudessem chamar de lar.

Os garotos perderam a conta de quantas pessoas viram morrer. Ao fugirem do caos, perderam os rastros de seus familiares. E ainda não sabem por que nem como sobreviveram enquanto tantos outros não tiveram a mesma sorte.

Quase 30 desses Garotos Perdidos vieram parar em Cleveland para viver o sonho americano. Chegaram aos Estados Unidos em 2001 por intermédio de um programa de recolocação do Departamento de Estado. Na época, toda a paisagem estava coberta de branco. "Que tipo esquisito de trigo", pensou um deles até sentir um pouco de neve nas mãos e vê-la derreter. Eles não sabiam o que era neve.

Um agente social encontrou habitações baratas e trabalhos humildes para os garotos e depois os deixou se virar sozinhos. Eles não tinham ninguém para ajudá-los a entender o novo mundo em que se encontravam, sendo capazes de confundir uma geladeira com um armário. Um deles pensou que o elevador fosse seu quarto. Aprenderam inglês ouvindo as pessoas falarem e repetindo as palavras. Sempre dependiam da bondade de muitos estranhos. Alguns deles, às vezes, deparavam com voluntários que ofereciam carona, ensinavam a usar um computador ou a concluir os estudos básicos. Mas, no geral, os meninos estavam completamente perdidos, até que o grupo de fato perdeu um deles para sempre.

Duas semanas antes do Natal de 2006, Majok Madut foi baleado e morto enquanto esperava um ônibus. Ele tinha 26 anos, mas preservava a aparência de menino. Ele havia pedido biscoitos como presente de aniversário.

No enterro, os Garotos Perdidos vestiam ternos que não eram do seu tamanho e pisavam nas barras das calças com sapatos emprestados enquanto andavam ao lado do caixão prateado. Eles ajudaram o padre a colocar um pano branco sobre o caixão e depois o baixaram lenta e cuidadosamente, como se fosse um cobertor que o ajudaria a descansar. Aqueles homens altos e magros continham as lágrimas por trás de rostos bem definidos.

O reverendo Bob Begin pediu perdão pelo que a comunidade não havia feito por eles. "Nós não desenvolvemos uma cidade pacífica onde vocês pudessem viver", disse o religioso aos Garotos Perdidos. "Pedimos a vocês que não nos abandonem. Pedimos a vocês que fiquem aqui", prosseguiu.

Os irmãos de Majok cantaram em voz baixa, mas de maneira profunda, para que ele dormisse em paz. As vozes aumentavam e diminuíam como se fizessem parte de uma única onda, como os cantos dos monges sagrados. Então, a congregação entoou "Be Not Afraid". As palavras ganharam muito mais significado naquele dia: "Você vai atravessar o deserto, mas não vai morrer de sede. Você não conhece o caminho, mas vai perambular em segurança por um lugar distante...".

No Cemitério do Calvário, eles sepultaram Majok em solo norte-americano, deixando-o em um lugar que ainda não era sua casa. Em dinka, eles cantaram "Você retorna para o lugar de onde veio" e rezaram para que Deus levasse Majok até lá.

Depois do enterro, todos se reuniram para almoçar no salão da igreja, com os rostos úmidos de lágrimas. Os demais presentes não sabiam o que fazer. Como eles poderiam ajudar os outros Garotos Perdidos?

Alguns garotos me contaram que queriam trabalhar em coisas desafiadoras e que cobrissem as despesas com o aluguel e os estudos. "Nós trabalhamos intensamente", disse Akol Madut. "Não tenho mãe. Não tenho pai. O trabalho é meu pai e minha mãe."

Amiol Arop estava assustado. "Se alguém nos indicar o caminho, nós podemos conseguir", disse Amiol. "Temos todas as qualificações, mas estamos enfrentando dificuldade. Estamos preocupados em relação a como vamos viver."

Aleu Athuai revelou: "Estamos todos muito confusos. Não sabemos o que fazer".

Logo depois do assassinato de Majok, uma freira católica que havia tentado ajudar os meninos demonstrava uma estranha sensação de que algo bom iria acontecer por causa de Majok. A irmã Mary Frances Harrington, de São José, disse a eles que Majok iria lhes dar um maravilhoso presente. De algum modo ela era capaz de enxergar o sagrado em uma tragédia.

A freira se ateve àquela fagulha. Com o tempo, centenas de voluntários a transformaram em uma chama. Tudo mudou para os Garotos Perdidos quando o professor de história de uma escola da região se uniu à freira e decidiu cumprir o papel de uma faísca.

Tim Evans, professor de história da Saint Ignatius High School, convidou todos os interessados em ajudar a participar de uma reunião comunitária, um mês depois da morte de Majok. Mais de 150 pessoas compareceram. Homens de terno, adolescentes de bermuda, mães com bebês de colo, meninas com rabos de cavalo, freiras com seus sorrisos santificados. A corrente humanitária se expandiu na biblioteca onde Tim coordenava programas de justiça social e onde praticava o lema dos jesuítas: "Para a maior glória de Deus". Lá, os alunos aprendiam a se tornar "homens pelos outros".

Tim preferiu que os Garotos Perdidos não participassem do encontro, pois temia que eles voltassem a perder a esperança se as pessoas aparecessem e depois nada acontecesse. "Este é o nosso momento. Este é o momento deles", ressaltou o professor aos presentes. "Vamos trabalhar pelo bem maior desses meninos."

Um enorme oficial da polícia de Cleveland apertou a mão de uma pequena freira. Ele queria ensinar aos Garotos Perdidos as manhas das ruas e as leis norte-americanas. Uma corretora de imóveis queria reformar um prédio para abrigá-los. Um advogado se ofereceu para cuidar das questões legais.

Algumas pessoas decidiram ser as pedras, e outras, a energia. Algumas fizeram grandes coisas, enquanto outras fizeram coisas pequenas. Uma comunidade formada ao redor de seres humanos. Centenas de pessoas foram a refeitórios, noites de jogos e reuniões. Um exército de voluntários se apresentou para escrever currículos, cartas de recomendação e levá-los a entrevistas de emprego. Mentores os ensinaram a dirigir, a usar computadores, a falar inglês. Encontraram trabalho e moradia para os meninos e arrecadaram 93 mil dólares para ajudá-los a pagar a faculdade, adquirir cidadania e cobrir necessidades básicas.

A onda ganhou força. A Dimple Dough Inc. lançou uma página especial na internet, www.sublbc.org. A rede Whole Foods contratou 12 dos meninos. A Saint Ignatius High School ofereceu orientadores e voluntários. Os homens se tornaram cidadãos norte-americanos. Eles buscaram formação universitária e carreiras profissionais. Encontraram esposas e iniciaram famílias.

Uma igreja arrecadou dinheiro para levar a mãe de um dos Garotos Perdidos aos Estados Unidos. Quando o governo norte-americano rejeitou os documentos para a entrada dela no país, a igreja a ajudou a viajar do Sudão até o Quênia para poder telefonar a seu filho, David. Fazia 20 anos que ela não ouvia a voz dele.

Amiol Arop inscreveu-se em um colégio comunitário local para lecionar matemática. "Eu vou ficar aqui", disse ele. "Aqui eu me sinto em casa. É uma boa cidade."

Malong Mabior passou na prova de equivalência educacional e se matriculou em um colégio comunitário para estudar contabilidade. Ele iniciou um projeto chamado Fontes de Isaac, para que pessoas no Sudão não precisassem caminhar quilômetros para conseguir água potável.

Peter Dek se tornou um piloto para que pudesse trabalhar nos serviços de ajuda a refugiados das Nações Unidas e tivesse a oportunidade de atuar no resgate de outros refugiados.

Akol Madut publicou um livro sobre sua vida intitulado *Sleeping With The Sun in His Eyes: A Lost Boy at Home in the World.*

Com o passar do tempo, esses homens se transformaram em pedras para outras pessoas, gerando faíscas de esperança.

A inscrição na lápide de Majok resume a história de sua breve vida. A princípio terminava com as palavras "Garoto Perdido do Sudão", mas os outros meninos sabiam que Majok não estava mais perdido, assim como eles. Por isso, insistiram que uma linha fosse acrescentada. Hoje a lápide diz:

FILHO E IRMÃO AMADO
MAJOK THIIK MADUT
GAROTO PERDIDO DO SUDÃO
ENCONTRADO POR DEUS

LIÇÃO 17

Doe como se o mundo inteiro fosse sua família, porque ele é

Todo mundo tem uma história de doação que deu errado.

Durante um inverno, um menino tocou nossa campainha quase na hora do jantar, oferecendo-se para limpar a calçada por cinco dólares. Como nunca o havia visto, perguntei se ele era do bairro. Não era, mas queria ganhar algum dinheiro. Eu disse a ele para tirar a neve. Então, percebi que ele não estava usando luvas, e a temperatura lá fora estava abaixo de zero.

Quando o menino começou a limpar a calçada, gritei a meu marido, que estava no andar de cima: "O menino que quer tirar a neve da calçada não tem luvas. Posso lhe dar algum par que você não use mais?"

"Claro. Só não dê minhas luvas de couro", meu marido respondeu.

"Pode ser essa vermelha e preta?", perguntei de novo, segurando um par de grossas luvas de esqui.

"Pode ser", gritou ele de volta, sem prestar realmente atenção ao que eu dizia.

Entreguei as luvas ao menino. Mais tarde meu marido perguntou quais luvas eu havia dado. Quando descrevi, ele congelou.

"Quer dizer que você deu minhas luvas de couro preferidas?"

Ai, ai.

Ao longo de uma hora fiquei me sentindo mal, até sairmos de carro e avistarmos o menino junto de sua pá, ainda limpando calçadas, mas agora com as mãos quentes.

Existem algumas ocasiões nas quais não é tão clara a necessidade de se fazer uma doação. Quase todo mundo que conheço já foi enganado por alguém que pede cinco dólares dizendo que o carro acabou de quebrar. No entanto, nunca há um carro por perto e, assim que consegue o dinheiro, a pessoa sai pedindo mais cinco dólares para outras pessoas.

Então, de que maneira saber como e quando ajudar as pessoas? Qual é a melhor forma de doar?

Certa vez, escrevi uma coluna sobre uma mulher prestes a ser despejada. Leitores enviaram milhares de dólares, mais do que o suficiente para pagar os aluguéis atrasados. Mas fui obrigada a dizer às dez pessoas que me ligaram em seguida, também em busca de ajuda, que não poderia contar suas histórias tristes. Simplesmente eram histórias demais.

Somos todos bombardeados com pedidos de ajuda. Você ajuda no âmbito local ou global? Você doa para os pobres da África do Sul ou para os do seu bairro? Você ajuda familiares em dificuldade ou pessoas totalmente desconhecidas?

Depois de eu ter doado as luvas do meu marido, ele me fez uma palestra sobre Maimônides. O grande filósofo judeu medieval listava oito graus de doação, conduzindo às mais elevadas formas de caridade.

Doar, mas doar com relutância; doar com um sorriso, mas doar menos do que poderia; doar o necessário, mas só depois que alguém pedir; doar sem questionar; doar sem saber quem vai se beneficiar; doar anonimamente, sem que o beneficiado saiba quem o ajudou; doar quando quem doa e recebe são anônimos; e doar tempo, educação e dinheiro para que o beneficiário se torne autossuficiente. Siga o velho ditado: "Ensine um homem a pescar e ele vai ter comida para o resto da vida".

Então, doar aquelas luvas, talvez, não tenha sido uma má ideia. Quer dizer, se elas fosse minhas...

Minha amiga Susan ensinou a seu sobrinho o dom da doação, oferecendo-lhe 100 dólares no Natal. Metade era para ele; a outra ele teria de doar a alguém. Algumas igrejas dão notas de 100 dólares para as pessoas da congregação e pedem a elas que encontrem um jeito criativo de doar.

O padre Charlie Diedrick, da St. Barnabas Catholic Church, em Northfield, Ohio, deu 10 mil dólares em um domingo. Não era dinheiro da igreja, mas de um paroquiano que havia lido *The Kingdom Assignment*, livro escrito por um casal da Califórnia que doava notas de 100 dólares para cem pessoas. O casal dizia se tratar de dinheiro de Deus e pedia a todos que investissem no Reino.

O padre não tinha certeza do que poderia acontecer se tentasse enviar sua congregação a uma missão de Deus. Será que alguém aceitaria? Em um domingo, ele colocou no bolso as notas de 100 dólares e descobriu.

"Normalmente, quando as pessoas veem o pastor se aproximar do púlpito, elas imaginam que vão ouvir de novo aquela história de dinheiro", confessou aos fiéis. "Mas desta vez vai ser um pouquinho diferente."

Ele mostrou o dinheiro em sua mão e pediu às pessoas que saíssem dali e fossem fazer alguma coisa criativa para Deus. As crianças puxavam os pais pelo casaco e pediam a eles que aceitassem o desafio. Mães cansadas foram se arrastando até o púlpito. Muitas pessoas se voluntariaram e logo o padre Charlie ficou sem dinheiro. Quando uma família se mostrou chateada por não ter conseguido uma nota, um homem atrás dela tirou 100 dólares da carteira e lhe ofereceu. Alguém vindo da Geórgia para um batismo também assinou um cheque de 100 dólares.

O padre Charlie acabou distribuindo 12 mil dólares naquele dia. Ele havia multiplicado o dinheiro antes mesmo de sair da igreja. Quanto mais doava, mais tinha para doar. Algumas semanas depois, os paroquianos se reuniram para informar como o dinheiro havia sido utilizado.

Uma família comprou sacos de dormir, cobertores, casacos, chapéus e luvas. Também fizeram sanduíches de mortadela e foram até o centro de Cleveland para ajudar famílias de sem-teto.

Outra família rifou um jantar italiano para oito pessoas que seria servido em sua casa, arrecadando mais de dois mil dólares para um garoto da região que se recuperava de um acidente.

Uma mulher levantou 1.700 dólares para um orfanato. Outra transformou seus 100 dólares em dinheiro suficiente para cobrir seis operações de crianças com palato fissurado.

Uma escoteira angariou quatro mil dólares para um menino que cuidava do pai doente e para uma avó que criava cinco netos.

Uma menina doou seu dinheiro para pagar uma ceia de Ação de Graças para 55 homens sem moradia. Outra garota arrecadou 1.400 dólares para a Fundação Make-A-Wish.

Uma mulher enviou seu dinheiro para uma prisão, que dividiu os 100 dólares entre cinco homens sem família para que pudessem comprar coisas pessoais.

Outra mulher comprou velas com as inscrições Paz, Amor e Esperança e as entregou anonimamente com santinhos de orações. Uma mulher descobriu que estava com câncer de mama quatro dias depois de pegar o dinheiro, e a missão a ajudou a dar atenção aos problemas de outras pessoas. Ela arrecadou 350 dólares em vales para uma mãe solteira com um filho de nove anos. Uma família encheu uma van com fraldas, comida e roupas e levou tudo para doar a um abrigo de crianças.

Apesar de empregarem o dinheiro de formas diferentes, concordavam em uma coisa: todos receberam mais do que doaram.

"Sabe aquele olhar nos olhos dos seus filhos na manhã do Natal?", perguntou um homem. "Nós vimos esse olhar nos olhos das crianças que ajudamos."

Por mais que esses tenham sido atos muito generosos, quando penso em doação lembro-me sempre de um rapaz chamado Chance Riley. A mãe batizou o último de seus cinco filhos com o nome Chance por considerar que aquela era sua última chance de ter uma menina.

Chance, que tinha 17 anos e estudava na Wadsworth High School, estava tosquiando ovelhas em uma feira em Medina, Ohio, quando ouviu uma explosão. Um antigo motor a vapor havia explodido a apenas 200 metros de distância. Cinco pessoas morreram e dezenas ficaram feridas. Chance se juntou a uma brigada jovem para encher baldes com água que seriam usados para tratar os feridos.

Chance estava na feira naquele dia para receber o Grand Champion Pig. Dois dias depois da explosão, Chance exibiu o porco que ele criou durante o ano inteiro, no qual investira 350 dólares, alimentando-o dia e noite e levando-o para passear quatro vezes ao dia. Depois de vencer, o garoto doou o dinheiro do prêmio, 4.180 dólares, às vítimas, apesar de não conhecer nenhuma delas.

Ele poderia ter comprado um carro, uma motocicleta ou um computador. Ele poderia ter comprado todos os CDs de sua banda preferida. Poderia ter ido à GAP e renovado todo o guarda-roupa. Poderia investir o montante nas despesas que teria com a faculdade que estava prestes a começar.

Chance não hesitou nem por um segundo. Em nenhum momento pensou em doar apenas uma parte.

"Era a coisa óbvia a ser feita", ele me disse. "Somos todos da mesma família."

Ele está certo.

LIÇÃO 18

Todo mundo é seu aluno ou seu professor – a maioria das pessoas é as duas coisas

O jovem, um homem de cerca de 20 anos, estava parado na esquina, falando sozinho, junto dos carros em movimento, e girando alguma coisa em círculos acima da cabeça.

Na primeira vez em que o vi durante minha caminhada diária pelo bairro, quase entrei em uma rua lateral para evitá-lo. Será que era algum maluco? Então, eu me aproximei o suficiente para entender que se tratava de uma criança presa em um corpo de homem. Ele girava um caminhão de brinquedo com dois pedaços de papel colados como se fossem asas.

Inicialmente senti uma mistura de pena e tristeza por ele e por seus pais. Ele nunca poderia dirigir um carro, ir para a faculdade ou mesmo se casar. Então me peguei descendo a rua em direção a ele apenas para ter um vislumbre da alegria pura que exalava. O menino que fazia caminhões voarem. Nunca soube o nome ou idade dele nem quem eram seus pais. Sua casa era aquela na frente da qual se via um comboio de caminhões de brinquedo despedaçados, todos destinados a se tornarem parte do passado um dia – o que nunca aconteceu.

Certa ocasião, ele passou como um raio por mim em cima de sua bicicleta e avisou: "É melhor voltar para casa. Vai chover muito". Outra vez ele estava jogando bola em um quintal, sozinho, e me contou que se jogasse sem capacete e fosse atingido com força poderia ter um problema no cérebro. Fiquei imaginando como o cérebro dele havia sido comprometido.

Será que havia sido comprometido? Ele ria alto, abria um sorriso e brincava com mais intensidade do que qualquer pessoa ao redor.

Pensei em todas as pessoas como ele que eu já havia conhecido, pessoas que eu sempre imaginei que precisavam de nós. Talvez nós precisássemos mais delas do que elas de nós.

Dorothy e Al Petzker têm sete filhos, dois deles com deficiência mental. Escrevi sobre Theresa quando ela disputou uma prova de patinação no gelo na Olimpíada Especiais. Aqueles atletas ensinaram a mim o amor incondicional, a pureza do coração.

"Eles são humildes", comentou Dorothy. "Não discriminam e consideram todo mundo igual. Há algumas coisas que ela não é capaz de fazer. Mas há muitas outras coisas que ela é capaz de fazer. Algumas ela faz melhor do que eu e você. Somos todos retardados em determinadas áreas."

David Spurlock tem síndrome de Down. Ele mudou a vida de um grupo de escoteiros. Em sua primeira reunião com a Tropa 321 em Hudson, Ohio, o rude garoto com déficit de atenção, então com 12 anos de idade, circulava batendo nos outros meninos e empurrando-os. Eles não entendiam o que ele dizia e, por esse motivo, sentiam medo dele. Mas David acabou ensinando à Tropa 321 tanto quanto aprendeu com ela.

Eles ensinaram David a fazer nós de escoteiro de diversos tipos. David os ensinou a ter tempo para escutar, não apenas ouvir. Eles ensinaram David a armar uma barraca, a socorrer vítimas pós-afogamento e a pronunciar o juramento dos escoteiros. David os ensinou a humildade, a paciência e a determinação. Eles ensinaram-no a se localizar em meio à floresta sem necessidade de uma bússola. David os ensinou a se encontrarem na vida sem as limitações que os impedem.

Sempre que David avançava a um novo nível, todo o grupo comemorava. Quando David completou 18 anos, tornou-se Águia, patente mais alta que um escoteiro pode alcançar. Nos Estados Unidos, apenas 2% dos escoteiros conquistam essa hierarquia.

O dr. Steve Lawrence, líder do grupo de David, comentou: "Não sei se David gosta tanto de escotismo quanto os meninos gostam de tê-lo por perto. Ficamos todos mais enriquecidos por termos David em nosso grupo".

Os estudantes que conheceram a pequena Sarah, de seis anos, sentiram-se da mesma maneira. A garota praticamente morava na lanchonete Brady's, próximo à Universidade Estadual de Kent. Suas dificuldades ajudavam todos os universitários a se sentirem mais à vontade no mundo.

A mãe de Sarah, Bonny Graham, era dona da lanchonete popular entre os alunos, mas Sarah era seu coração. Ela foi criada dentro da Brady's e, com apenas duas semanas de vida, já ficava pendurada no colo da mãe como se fosse um pacotinho. Bonny segurava Sarah em um braço enquanto servia café com a outra mão.

Uma pilha de brinquedos no canto da lanchonete pertencia a Sarah, assim como os gizes de cera espalhados por ali. Ela costumava andar com seu carrinho de brinquedo pelo chão de madeira, batendo nas mesas e nas cadeiras. Era uma discípula de Barney, o dinossauro roxo. Ela pegava o microfone no palco e cantava para os alunos que frequentavam a lanchonete: "Eu amo você, você me ama, somos uma família feliz". Se eles não a aplaudissem, ela mesma se encarregava disso. Os alunos a ensinaram a posição inicial das peças em um tabuleiro de xadrez. Também pintaram suas unhas de preto. Um punk chamado Lance arrumou o cabelo dela para que ficasse todo em pé.

Ela não sabia o significado da palavra "estranho". Aprendeu o alfabeto de sinais com a ajuda de um livro da Vila Sésamo para poder conversar com uma criança surda que esperava o ônibus na frente da Brady's. Ela se sentava ao lado de pessoas mais velhas e perguntava "como você se chama?", mesmo que já soubesse o nome.

Sarah varria o chão, lavava pratos e escalava as caixas de leite empilhadas para pegar as xícaras de café para os fregueses. Ninguém tinha muita certeza sobre a idade de Sarah. Do tamanho de uma criança de quatro anos, ela tinha o desenvolvimento atrasado, problemas cardíacos e frequentava uma escola para crianças especiais.

Um dia, se arrumando para ir à escola, seu pequeno coração não aguentou. Sarah morreu nos braços da mãe.

No dia seguinte, a lanchonete ficou cheia de pessoas para velar a garota. Todos falavam que iam sentir saudades e cantavam: "Are you special, special? Everyone is special in their own way"[3].

A mãe de Sarah carregava uma mensagem escrita por uma pessoa anônima antes da morte da garota:

---

3 Você é especial? Cada um é especial de seu próprio jeito. (N.T.)

> Eu não sei quantos anos você tem nem qual é o seu nome... Não sei nada sobre você a não ser o seguinte: sempre que venho aqui vejo sua marca em algum lugar. Quando não são os gizes de cera, são os livros de colorir e os papéis recortados, além do trator verde largado na passagem esperando você chegar e logo sair conduzindo-o. Sempre que me sento aqui para estudar, sua doce voz pode ser ouvida, e normalmente você está sorrindo. Já ouvi sua mãe gritar seu nome milhares de vezes, e já a vi com problemas por causa de algum cliente querendo um pouquinho de silêncio. Comigo, não. Sempre que você vem falar comigo, pergunto seu nome e você pergunta o meu. Li o dr. Seuss para você e jamais me esquecerei de suas gargalhadas da primeira até a última página de *O gatola da cartola*. Você me impressionou por todas as vezes que subiu e desceu as escadas da Brady's com suas perninhas tortas sem cair uma única vez. Espero que tenha uma vida feliz. Você já fez muitas pessoas sorrirem.

Bonny queria guardar a carta e entregá-la a Sarah quando ela completasse 18 anos. Como não foi possível, ela fez cópias para todos os que foram ao velório, todos os alunos de Sarah.

LIÇÃO

19

Reze com sinceridade

Alguns dias depois de ter encontrado um caroço no seio, consultei minha médica na esperança de que ela me dissesse que não havia nada com que me preocupar. Ela o apertou com os dedos e disse: "Realmente, você tem um nódulo". Então agendou uma mamografia para o dia seguinte, mas não me pareceu muito preocupada. Eu também não estava, até a recepcionista do consultório, ao se despedir de mim, dizer: "Vou rezar por você".

Rezar por mim? Como assim?

Nesse momento, me ocorreu que eu poderia ter um câncer. Sentei-me no carro e comecei a chorar. Não podia ser um nódulo de verdade, desses que lemos nos jornais e revistas. Imaginei o pior: perder os cabelos, o seio, a vida. Deixar minha filha, meus enteados, meu marido. Olhei pelo retrovisor e tirei o cabelo do rosto. Não, eu não podia estar prestes a descobrir um câncer. Eu ficaria horrível careca.

Sentada ali, com o carro desligado, fui do zero à morte em cinco minutos. Nas duas semanas seguintes meu coração bateu acelerado, mexia os pés nervosamente e minhas mãos tremiam tanto que eu derrubava as coisas no chão. Agarrei-me à fé de minha infância católica, rezando rosários e salmos. As orações me ajudaram por apenas 24 horas, e então cada uma delas se perdeu no ar; o que sobrou foram somente as marteladas do meu coração.

Como é possível rezar nessa situação? Eu queria fazer a prece do "tumor, vai-te embora". Se eu pensasse positivo não seria câncer? Ou deveria confiar em Deus independentemente do resultado? Sentia medo de estar rezando do jeito errado. Não tive a menor dúvida do poder de Deus, mas será que Ele o usaria para me curar? Finalmente, cheguei às palavras "seja feita a Vossa vontade". Na noite que antecedeu sua morte, Jesus se entregou nos jardins de Getsêmani com a seguinte oração: "Pai, se é da Tua vontade, afasta de mim este cálice! Contudo, que não se faça a minha vontade, mas a Tua!". Eu enfatizei a parte do "afasta de mim este cálice" para Deus ter total certeza de que eu não queria um câncer. Quando rezei daquele modo, senti uma paz profunda, mesmo depois de descobrir que eu tinha um câncer.

Na véspera da primeira sessão de quimioterapia, meu plano era aceitar toda aquela experiência com o câncer como se fosse um desafio espiritual. Desejei que o cálice fosse afastado de mim, mas não foi o que aconteceu.

O lema do departamento oncológico deveria ser: "Nós vamos fazer você atravessar o inferno para ficar bem". Meu corpo inteiro sentiu o golpe. Misteriosos efeitos colaterais surgiam do nada. Eu mal acabava de controlar um e logo surgia outro.

Sangramentos no nariz. Manchas. Dores estranhas. Durante semanas eu me sustentei à base de purê de batata, ovos mexidos e macarrão com queijo. Eram as únicas coisas que eu conseguia engolir. Torradas me machucavam enquanto eu as mastigava. Chocolate tinha gosto de metal. A fadiga me tornou inútil. Tentava me exercitar, mas tive de desistir porque ficava zonza. Meu corpo estava pesado demais para aguentar os passos. Após o banho, eu precisava de uma soneca para me recuperar. Meus objetivos na vida não iam além de três refeições por dia e uma noite inteira de sono. Minha lista de afazeres estava reduzida a itens básicos de sobrevivência: comer, dormir, tomar banho e mudar de poltrona.

Todas as outras pessoas pareciam ocupadas demais com a vida. Eu continuava comparando a minha com a dos outros e me sentia ludibriada. Todo mundo falava sobre o poder da oração, mas eu já começava a questionar. Depois de passar dias em uma festa solitária de autopiedade, sem ninguém mais disposto a reservar um lugar na mesa, perguntei ao meu marido: "Se todo mundo está rezando por mim, por que estou tão doente?". Meu marido, que se diz agnóstico, respondeu: "Talvez, se elas não estivessem rezando, você estaria muito pior". Bem pensado.

Um cartão cuja mensagem me desejava melhoras deflagrou minha fé: "A gratidão é a mãe de todas as orações". Era hora de parar de me concentrar em cada dor, sensação de mal-estar e efeito colateral. Podia ser muito pior. Pensei na mulher que, após ler minhas colunas no jornal sobre minha experiência com o câncer, me enviou uma foto de seu filho de seis anos sem cabelos por causa da quimioterapia. Outra mulher me escreveu sobre o tumor que seu marido tinha no cérebro e era inoperável. Eles tinham dois filhos pequenos. Uma leitora havia perdido a única filha em março e estava passando seu primeiro Dia das Mães sozinha após a morte dela.

Minha filha me encorajou a manter um diário da gratidão. Quanto mais eu escrevia, mais me convencia de que as pessoas rezavam por minha melhora. Nas noites em que eu não conseguia dormir, rezava um rosário por cada uma delas. Cada Ave-Maria tinha a intenção de curar outra pessoa. Nada de rezar apenas por mim, por mim e por mim. Havia uma magia no rosário. Quando comecei a rezar por outras pessoas, passei a me sentir melhor. Tentei o mesmo na noite seguinte, e na outra também. Em vez de simplesmente manter um diário de gratidão, iniciei outro, um diário de orações. Não era aquela coisa de escrever cartas para Deus fazendo pedidos pessoais, mas de registrar o nome de todo mundo que precisava de alguma ajuda. Em vez de repetir mentalmente as imagens de minhas preocupações, eu listava o nome das pessoas e rezava por elas. Todo dia eu escrevia o nome de alguém diferente, que precisava daquela oração mais do que eu. Eu rezava uma Ave-Maria e pedia humildemente para "que as aflições fossem iluminadas", então caía em um sono pacífico, grata não pelo que me acontecia, mas por aquilo de que havia sido poupada.

Anos depois da jornada contra o câncer, descobri outra forma de rezar que hoje pratico diariamente.

Certo dia, entrei em uma livraria e vaguei pela área de livros de autoajuda até descobrir quatro livretos de um autor chamado Ernest Holmes. Eu nunca havia ouvido seu nome, mas ele mudou para sempre a maneira como eu rezava. Muitos de nós, inclusive eu, pedimos ajuda, mas na realidade nunca paramos por tempo suficiente para recebê-la. Eu sempre rezava incessantemente, mas sem uma fé verdadeira.

Digamos que eu telefone para minha amiga Beth, a convide para almoçar comigo na quinta-feira e ela diga sim. Então eu começo a ligar de 15 em 15 minutos para confirmar uma vez mais o almoço. Ela vai começar a pensar: "Por que a Regina não acredita em mim? Será que ela acha que não vou aparecer?" Era assim que eu fazia com Deus. Eu pedia, mas duvidava.

Se eu tivesse mais fé, teria confiado desde a primeira vez que rezei em vez de ficar repetindo a mesma oração o tempo todo.

Holmes sugere um novo modo de rezar. Primeiro, aproxime-se de um Deus que o ame. Chamo isso de Deus "*surround*", como nos aparelhos de som. Então peça o que você precisa. Seja específico quanto a suas preocupações. Não deixe dúvidas. A Bíblia diz: "Peça e será atendido; procure e irá encontrar; bata à porta e ela se abrirá para você". Ela também diz: "Não importa o que peças em oração, creia e receberás".

Identifico exatamente o que preciso. Como nem sempre sei o que é melhor para mim, confio em Deus e acrescento: "Ou isso ou algo melhor".

Então – e foi exatamente isso que mudou tudo em minha vida – eu paro e admito que tenho plena confiança em um Deus que me ama. Assim, eu recebo conscientemente de Deus o que requisitei. Dou um tempo para receber de verdade o que pedi. Antes, eu nunca havia feito desse jeito.

A última parte da oração é para parar e agradecer. Aja como se Deus estivesse ouvindo. Como se tivesse fé no poder da oração. Como se pudesse acreditar na própria palavra de Deus.

O único trecho da oração que você sempre deve repetir é a última parte. Obrigada. Sempre que começar a duvidar, não reze novamente pedindo para Deus atender a suas necessidades. Você deve confiar que Deus já a escutou e dizer: "Obrigada por...".

Às vezes, eu me flagro lutando contra o medo, repetindo infinitos agradecimentos.

De agora em diante, eu rezo com sinceridade. Nada mais de ficar apertando a tecla ENVIAR o tempo inteiro. Isso mudou minha vida, me libertou do medo e me abriu incontáveis caminhos como escritora, apresentadora de rádio, mãe, esposa e amiga. Melhorou todos os relacionamentos em que estou envolvida, inclusive o mais importante de todos: meu relacionamento com Deus.

A verdadeira fé não está em rezar incessantemente, mas em acreditar que Deus escutou desde o primeiro momento.

LIÇÃO 20

Chegue cedo

Vou tratar de um conceito simples que a maioria de nós ignora.

Imagine como o mundo seria diferente se todos aparecessem mais cedo para trabalhar, estudar, viajar ou ir a casamentos, visitas e reuniões familiares.

Eu costumava chegar atrasada a todos os lugares: aulas, shows, missas, sessões de cinema, consultas médicas, trabalho, almoços, jantares, sobremesas e cafés com os amigos. Não importava se eu queria ou não ir ao evento, eu sempre me atrasava. Se começava às 9 horas, eu saía de casa às 9 ou depois. Nunca considerava o tempo de deslocamento. Nunca pensava nas outras pessoas que me esperavam, imaginando onde eu poderia estar, e muito menos nas pessoas na rua entre mim e meu destino, enquanto eu acelerava para chegar lá.

E eu odeio esperar os outros. Quem gosta, afinal? Você começa a se irritar e a pensar se a pessoa vai aparecer ou não.

Eu costumo seguir a regra da meia hora. Se você não aparecer em até 30 minutos após o horário combinado, nossos planos estão cancelados. Quando contei da minha regra a Bruce, que depois virou meu marido, ele me ligou da estrada já a caminho de me buscar para nosso primeiro encontro. Contraí os músculos quando atendi ao telefone, porque achei que ele estava ligando para dizer que não iria chegar a tempo.

"Você me disse o que aconteceria se eu me atrasasse por meia hora", ele disse. "Mas e se eu chegar meia hora mais cedo?" Aquilo me deixou impressionada. Um homem que aparecesse mais cedo me faria sentir valorizada, respeitada, apreciada. Sua atitude me fez perceber que eu não oferecia nada daquilo às outras pessoas.

Um estranho no aeroporto me convenceu que chegar adiantado é um verdadeiro serviço aos outros. Retornando de algum lugar tropical, ele chegou ao Aeroporto Internacional Hopkins em um dia congelante em Cleveland, para fazer uma conexão. De shorts, sandálias e uma camiseta branca que destacava a pele bronzeada, o homem corria pelo aeroporto uns cinco ou seis metros à frente da esposa e do filho. Ele chegou ao portão de embarque no exato momento em que o avião saiu.

Sua pele bronzeada e reluzente começou a ficar vermelha. Furioso por perder o voo, ele começou a gritar com todo mundo que estava perto. Qualquer pessoa que vestisse um uniforme se transformava em alvo. Sua esposa mantinha a cabeça baixa de medo. O filho parecia constrangido com a cena. E o pai estava incontrolável. "Vocês são terríveis. Não consigo acreditar nisso", berrava ele.

O homem acusou os funcionários da segurança de terem sido lentos demais. Brigou com a funcionária que não o deixou entrar na pista e com a comissária de bordo que passou por ele. Todo mundo estava errado, menos ele.

Por causa do atraso, ele fez o que pôde para estragar o dia de todos que estavam à sua volta. Fiquei esperando meu voo com três pessoas desconhecidas. Balançamos a cabeça em desaprovação enquanto o observávamos interferir na vida de cada pessoa que trabalhava no aeroporto. "Chegasse mais cedo", dissemos em uníssono.

Veja como chegar mais cedo poderia mudar o mundo: não haveria mais estresse por parte dos motoristas nas estradas, pois todos sairiam com antecedência suficiente para não atrasar; haveria menos multas por excesso de velocidade, pois todos teriam tempo suficiente para calcular atrasos e imprevistos.

Eu costumava ser uma pessoa cronicamente atrasada até o dia em que minha psicóloga me disse que eu precisava resolver a questão "tempo". "Você é péssima com horários", disse ela. "Você age simplesmente como se horários não existissem. É como se vivesse em um lugar onde não existe hora para nada."

Ela estava correta. Eu tinha uma adolescente interior que se rebelava contra a possibilidade de chegar na hora certa onde quer que fosse. Eu me recusava a usar relógio e não queria ficar engessada por causa das horas, dos minutos e dos segundos. Na maior parte da minha vida, eu nunca respeitei horário nenhum – meu ou das outras pessoas. Minha mãe costumava dizer: "Você é capaz de chegar atrasada ao próprio enterro". Esse é um atraso com o qual não vou me incomodar. Se for para se atrasar, esse é o acontecimento ideal para não chegar na hora.

A parte ruim de sempre chegar atrasada? As pessoas ficam aborrecidas, porque consideram isso grosseiro e desrespeitoso – e têm razão. Elas pensam que você não tem estima pelos outros, é incompetente e egoísta – e também têm razão quanto a isso. Desse modo, você cria uma má fama a seu respeito. As pessoas passam a achar que não podem contar com você. Se elas não podem confiar na sua capacidade de chegar na hora certa, por que teriam de confiar na sua capacidade de cumprir compromissos? Elas não o levam a sério. Sua palavra não tem valor.

Claro que depois você pede desculpas e faz promessas que não pretende cumprir. Acaba dizendo mentiras ou meias-verdades sobre o motivo do atraso para não ficar chato. Você exagera o trânsito que enfrentou para chegar, aumenta o número de quadras em que ficou preso atrás de um ônibus escolar, ou fala como aquela senhora dirigia tão devagar a sua frente... No entanto, a verdade é que você se atrasou porque dormiu demais, porque imaginou ser possível fazer mais uma tarefa antes de sair pela porta, porque não organizou um tempo suficiente entre dois compromissos ou porque em nenhum momento calculou quanto tempo demoraria para chegar ao evento marcado.

Atrasos causam estresse a você e a todas as pessoas a seu redor. Atrasos criam uma montanha-russa de drama e adrenalina. Eu costumava gostar desse barato até perceber que no lado oposto da minha viagem havia alguém se sentindo mal.

Atrasos abalam relacionamentos. Imagine como seus filhos se sentem quando você se atrasa para seus eventos escolares e esportivos. É terrível fazer com que eles tenham de se preocupar se você vai aparecer para vê-los jogar futebol ou basquete, se você vai chegar para assistir à peça ou ao recital a tempo de ver a cena em que eles aparecem.

Também há os pais divorciados que se atrasam na hora de buscar os filhos para o fim de semana juntos. A criança fica na janela, com lágrimas nos olhos a cada carro que passa e identifica que não é a mãe ou o pai. Por que deixá-los chateados, conjeturando que foram esquecidos? Chegue antes de eles se postarem na janela. Acalme os nervos dos filhos, chegue cedo e eles saberão como você valoriza o tempo quando estão juntos. Não os deixe pensar nem por um segundo que não se importa, ou que não vai aparecer.

Ser uma pessoa atrasada é um péssimo exemplo para dar aos filhos. Não os ensine a fazer com que as pessoas esperem por eles, muito menos a fazer uma entrada triunfal e conquistar uma satisfação egocêntrica barata à custa dos outros.

Já vi pessoas se atrasarem para enterros e casamentos, e elas acabam chamando mais atenção do que os próprios homenageados desses eventos. Então, por que muitos de nós são pessoas cronicamente atrasadas?

"Sou um procrastinador", as pessoas dirão. Mas o que isso denota na verdade? Ouvi dizer que procrastinação é "medo com ensino superior". É uma grande palavra para descrever por que nos atrasamos ou nos recusamos a fazer determinadas coisas. Evitamos chegar cedo demais por medo das pessoas com quem devemos nos encontrar, ou por medo de termos de passar um tempo sozinhos.

Para alguns, trata-se de um jogo de poder, uma maneira de controlar as outras pessoas fazendo-as esperar. Você interrompe o mundo delas. Para outros, é só um modo barato de se rebelar e causar algum drama.

Outras pessoas são cronicamente atrasadas porque não sabem dizer não e não deixam tempo suficiente para dar conta das coisas para as quais disseram sim. Mas por que dizer sim para uma coisa que você vai acabar perdendo por chegar atrasado?

Os militares têm um lema: "Se você não chegou cinco minutos antes, está atrasado". E também há o antigo ditado: "Se você chegou cinco minutos antes, chegou na hora. Se você chegou na hora, está atrasado. E se chegou atrasado, está demitido!".

A maioria das pessoas não considera a possibilidade de se atrasar para uma entrevista de emprego. Todos querem deixar uma boa primeira impressão, por isso chegam cinco minutos antes. Mas ao conseguirem o emprego, começam a chegar atrasados todos os dias e não veem nenhum problema nisso.

Dei uma guinada de 180 graus nessa questão dos horários. Não sou perfeita, mas quase todos os dias tento deixar uma margem de 15 minutos entre os eventos. Anoto na agenda um horário para respirar. Com isso, ganho tempo suficiente para conseguir uma boa vaga no estacionamento, dar telefonemas enquanto estiver parada, ir ao banheiro se precisar, relaxar, rezar, parar, me preparar e simplesmente respirar. Tento imaginar o horário do compromisso, acrescento 15 minutos, além do deslocamento, e depois recuo no tempo para ver mais ou menos que horas preciso sair de casa.

Quando viajo de avião, chego sempre duas horas antes do voo. Antigamente, eu saía correndo pelo aeroporto, chegava ao portão de embarque e pulava dentro do avião na hora em que ele estava saindo. Hoje não dá mais. Deixo mais tempo para o caso de haver algum alerta de segurança, muitos carros na estrada, um pneu furado, estacionamento lotado, longas filas para embarcar. É boa a sensação de fazer o check-in rápido e ter tempo de ler um livro, conferir e-mails, comer, desestressar e me preparar para o que está na outra ponta.

Também tentei seguir dicas sugeridas por amigos. Ajuste o relógio cinco minutos adiantado. Confira a previsão do tempo para o dia seguinte e já deixe um par de botas e um guarda-chuva perto da porta se for preciso. Escolha a roupa que vai vestir na noite anterior, prepare seu lanche, abasteça o carro e tenha dinheiro na carteira para o almoço e o estacionamento. Sempre deixo minhas chaves no mesmo lugar, em uma cestinha perto da porta, então nunca preciso perder tempo procurando-as. Meu marido me ensinou esse truque. Logo depois que nos casamos, eu era capaz de perder horas procurando minhas chaves. Ele até me comprou um chaveiro sensível a palmas, que fazia barulho quando alguém batia palma, e isso ajudava a encontrar as chaves. Infelizmente, perdi esse chaveiro.

A maior mudança foi pensar no que devo escrever na agenda antes de a tinta chegar ao papel. Antes de confirmar qualquer coisa, eu pergunto às pessoas mais ou menos quanto tempo deve durar o compromisso. Então, eu paro e pergunto a mim mesma o que vou deixar de lado para dizer sim. Afinal, tudo é uma troca. Toda vez que você diz um sim, está dizendo um não para algo ou alguém, provavelmente você. Comecei a dizer mais não do que sim.

No que diz respeito à conclusão de tarefas, dedico a cada uma delas determinada quantidade de tempo. Quanto tempo vai demorar? Assim, os dias não ficam cheios de deveres que não cabem em um único dia com 24 horas.

Em vez de ser uma pessoa previsivelmente atrasada, você pode se transformar na que provavelmente será a primeira a chegar, aquela com quem todos podem contar.

A vida é imprevisível, mas você não precisa ser também.

LIÇÃO 21

Sonhe grande

Pense grande.

Assim pensava Latanya no dia em que os formulários cor-de-rosa foram enviados.

Assim pensavam os esperançosos moradores daquele pobre bairro quando vislumbraram a possibilidade de uma nova escola para seus filhos.

Mas primeiro vamos à história de Latanya.

Naquele mês de dezembro, todas as outras crianças escreveram rapidamente o que queriam pedir aos anjos do Serviço Postal dos Estados Unidos, que naquele ano haviam adotado a escola durante as férias. Latanya, no entanto, levou seu formulário cor-de-rosa para casa e parou um pouco para pensar. Quando a mãe se ofereceu para ajudar a escrever sua lista de desejos, a menina de seis anos resistiu.

"Eu mesma vou fazer", disse a aluna do primeiro ano. Então, pediu à mãe que soletrasse as palavras *calçados* e *roupas*.

A mãe de Latanya nunca viu o formulário depois de preenchido. A professora os recolheu e os entregou ao Serviço Postal, que todos os anos comprava presentes de Natal para as crianças de duas escolas de bairros pobres de Cleveland.

Dos 1.272 formulários preenchidos nas escolas elementares Harvey Rice e Walton, o de Latanya se sobressaiu. A maioria das crianças escreveu que queria Barbies, G. I. Joes, bonecas, skates, videogames, CDs e livros de colorir. A lista de Latanya paralisou o pessoal do Serviço Postal. A menina não pedia nenhuma boneca, nenhum bichinho de pelúcia, nenhum jogo. Abaixo das palavras "Isto é o que eu quero no Natal", ela escreveu: "calçados, uniforme da escola, comida e uma cama". O pedido de Latanya deixou a carteira Debbie Cockrell perplexa.

"Não é possível que uma criança de seis anos esteja pedindo comida e uma cama no Natal", pensou ela. Debbie, então, telefonou à escola para conferir se a menina realmente carecia de uma cama.

Ela descobriu que a menina e a mãe dormiam juntas na mesma cama. Haviam acabado de se mudar de Nova York para Cleveland, e a mãe ainda estava sem emprego. Debbie se empenhou – comprou 400 dólares em brinquedos, roupas e comida para a família e fez todo mundo no trabalho se mexer para encontrar uma cama. A notícia chegou à funcionária do setor de distribuição Yvette Lucas, que tinha um pedido de Natal a atender.

Filha única, Yvette estava de coração partido desde a morte da mãe em setembro. Ela ficou ao lado da mãe até o fim e pensou que o punhado de terra que jogou sobre o túmulo havia sido seu último adeus. Mas algo estava inacabado. A última vontade de sua mãe era que tudo o que pertencia a ela fosse doado a pessoas carentes. Yvette já havia doado 14 sacolas de roupas a um abrigo de sem-teto. Ela ainda tinha a cama de carvalho Thomasville comprada pela mãe em 1982, ano em que descobriu um câncer. A mãe comprou aquela cama e também uma penteadeira para o caso de Yvette algum dia voltar a morar em casa. Assim que Yvette ouviu falar de Latanya, percebeu que era chegada a hora de se desfazer de mais uma recordação de sua mãe.

Quando a mãe de Latanya viu o caminhão parar em frente à casa, quase perdeu o fôlego. "Ai, meu Deus", disse ela, cobrindo a boca enquanto as lágrimas escorriam de seus olhos. Ela começou a rezar para agradecer enquanto os funcionários do Serviço Postal descarregavam alimentos, brinquedos e os móveis para o quarto de dormir.

"Não acredito que meu bebê conseguiu tudo isso", disse ela. Yvette deu uma olhada para Latanya e contou para a mãe: "Rezo para que você tenha com sua filha o mesmo relacionamento que eu tive com minha mãe".

Depois de montar os móveis e arrumar a cama, Yvette hesitou na hora de dizer adeus. Seria seu primeiro Natal sem a mãe em 44 anos. Ela correu os dedos por cima da penteadeira, aquela que a menina usaria quando fosse maior para encher de perfumes, bijuterias, batons e esmaltes.

"Obrigada, mamãe", sussurrou Yvette. "Isso é lindo."

Latanya tinha, enfim, seu tão sonhado quarto.

Infelizmente, ela ainda precisava acordar e ir para uma escola que era um pesadelo.

A escola Harvey Rice parecia um galpão abandonado e protegido por uma cerca de mais de três metros de altura. A entrada fazia lembrar uma caverna escura. Os professores recém-contratados nunca conseguiam encontrar a porta de entrada. Eu também não consegui. As janelas eram cobertas por telas de arame para segurar os vidros quando eles caíam. Certa vez, uma janela caiu dentro de uma sala do primeiro ano. As crianças saíram correndo assustadas.

No inverno, a neve caía sobre os alunos. Um dia chegou a fazer três graus centígrados no interior da sala. As crianças andavam com seus casacos o dia inteiro e os professores enchiam de jornal os buracos nas janelas quebradas para reter o calor. A escola não dispunha de parque para as crianças, não contava com sistema de som e os bebedouros não funcionavam. Passei o ano letivo entre 2002 e 2003 visitando a escola toda semana para escrever uma matéria. Subia pelos três lances de escadas escuras e caindo aos pedaços, andava embaixo de um teto com manchas de umidade, além dos buracos na parede e pedaços de argamassa caídos nas escadas.

Nunca vou me esquecer do dia em que fiquei no estacionamento asfaltado, que também servia de espaço para as crianças brincarem, observando os alunos comemorarem o último dia de aula, com bexigas coloridas presas nas escadas ao lado dos horríveis latões de lixo. Um grupo de pais e moradores decidiu que aquelas crianças mereciam algo melhor. Afinal, a escola se chamava Harvey Rice, em homenagem ao fundador da educação pública em Ohio.

Eles queriam que o prédio da escola fosse demolido e, após anos de pressão e planejamento, conseguiram que um novo fosse construído, representando um oásis em meio à pobreza que atraía traficantes de drogas, gangues e tiroteios para o bairro.

A nova escola Harvey Rice foi inaugurada em 2009. Os pais, os funcionários da biblioteca, a diretoria, as empresas locais de construção e as fundações sonharam alto e trabalharam juntos para arrecadar dinheiro e apoio. A nova escola ocupa agora um terreno de 20 mil metros quadrados de aprendizagem. É conectada a uma nova biblioteca que possui central de ajuda ao aluno e laboratório de informática. A escola custou 16 milhões de dólares; somente a biblioteca recebeu investimento de seis milhões de dólares. Houve colaboração do distrito escolar, do pessoal da biblioteca, de várias fundações, organizações sem fins lucrativos, pais e artistas locais. Com tudo isso, hoje o campus é um polo dentro do bairro, um modelo para o que pode acontecer quando pessoas trabalham em conjunto.

No interior, paredes claras apresentam retratos de sucesso: o neurocirurgião Ben Carson, o fotógrafo Gordon Parks, a poetisa Maya Angelou. A escola possui sala de música, laboratório de ciências e de informática. O diretor queria dois computadores. Hoje há 29.

As salas de aula possuem lousas computadorizadas "inteligentes", não apenas quadros-negros. Também dispõem de televisão de tela plana, carpetes novos, elevadores, ar-condicionado e uma sala de artes com três pias e armários para guardar o material, e não somente um carrinho de material que era empurrado de uma sala para outra, como antes.

As crianças ajudaram a criar murais nas paredes. Uma delas desenhou um chapéu de formatura ao lado da palavra sonho. O lema da escola está inscrito em uma das paredes para inspirar todas as Latanyas que passarem pela porta. "Nós podemos conquistar aquilo em que acreditamos."

Uma cama. Um prédio novo. Dois desejos.

Ambos atendidos depois que alguém decidiu sonhar alto e transformá-los em realidade.

LIÇÃO

22

Consulte sua própria alma, e verá que as respostas de que precisa já estão dentro de você

Nós nos reunimos em uma primavera no Arizona para um fim de semana entre irmãs que mudou minha vida. Joan mora em Phoenix, na base da montanha, e nos convidou para um pouco de descanso e relaxamento.

Para passar o tempo, fomos até Sedona perambular pelas lojas de lembrancinhas e ver as poderosas formações rochosas da cidade, consideradas por muitos um vórtice espiritual. Uma de minhas irmãs sugeriu que fizéssemos uma leitura de nossas auras. Por que não? Era uma coisa interessante. Se houvesse algum problema ou não, descobriríamos mais tarde.

Entramos em uma sala nos fundos de uma loja de lembranças da New Age e esperamos nossa vez. Sentadas, colocamos nossas palmas para baixo sobre um painel especial e o leitor de auras tirou nossas fotos. Uma forma, semelhante a uma grande mancha, surgia em uma foto borrada. Cada uma das fotos parecia completamente diferente.

A mulher tinha algo fascinante a dizer a cada uma de nós enquanto estudava nossas auras. Eu não sei como ela fazia isso, mas suas palavras eram certeiras. Uma pessoa precisava lidar com questões de raiva, outra precisava parar de dar tanta importância ao trabalho, outra precisava começar a viajar. Quando chegou minha vez, eu disse a ela que não sabia se iria funcionar, porque estava com uma leve dor de cabeça. Sentia a dor chegar e não sabia se aquilo poderia interferir na minha aura. Eu não tinha aquilo sempre, talvez uma vez ao ano, mas sempre que acontecia minha visão começava a ficar embaçada e 20 minutos depois era como se alguém estivesse me batendo na cabeça com uma marreta. Logo eu sentiria enjoos e minha cabeça ficaria pulsando por algumas horas antes de parar de doer.

Ela me estudou por alguns instantes e então perguntou: "Por que você está com dor de cabeça?".

"Eu não sei", respondi.

"Sim, você sabe", disse ela.

Que idiota, pensei. O tom dela me paralisou. Talvez ela estivesse certa. E se eu realmente soubesse a resposta? Então eu parei e perguntei a mim mesma: *Regina, por que você está com dor de cabeça?* A resposta que ouvi foi: *Porque você ficou um bom tempo embaixo do sol sem usar chapéu.*

Antes que eu pudesse dizer alguma coisa, ela se antecipou: "Você precisa usar chapéu nesse sol".

Bingo. Foi quando a dor de cabeça começou. Fiquei sob o sol do Arizona durante horas no almoço e senti um formigamento estranho na cabeça, mas não dei importância. Ignorei o pequeno alerta do meu corpo assim como ignoro a luz acessa no painel do meu carro, sinalizando o óleo do motor.

Não me lembro muito do que ela disse em relação a minha aura, mas aquela mulher me ensinou a, antes de mais nada, ouvir a mim mesma, me perguntar as coisas mentalmente, consultar minha alma. Acreditar que seu corpo conhece as respostas de que você precisa é algo capaz de mudar sua vida.

Procurei lembrar-me das outras vezes que tive dor de cabeça. A maioria começava depois de eu ficar muito tempo embaixo do sol. Hoje eu tenho sempre um chapéu por perto e raramente sinto essas dores.

No fundo, realmente sabemos a verdade. Para ouvi-la, é preciso parar de agir com impotência e deixar de entrevistar os outros em busca de respostas. Você precisa reservar um tempo para si e permanecer em silêncio para ouvir sua alma. Fazer isso me ajudou a curar meu corpo e a reequilibrar minha vida.

O que aconteceria se você realmente acreditasse que seu corpo conhece as respostas que procura? E se ele de fato possui as respostas para a maioria de nossas perguntas?

Pergunte a si mesmo do que você precisa e espere por uma resposta. Agir assim nunca falhou quando tentei curar meu corpo.

Durante anos, tive problemas com minhas mãos. Parecia que todos os jornalistas da redação circulavam com talas imobilizadoras e sofriam de síndrome do túnel do carpo. Não demorei a me juntar a esse grupo.

Minhas mãos doem quando digito – e, infelizmente, é desse jeito que ganho a vida. Aos poucos, a dor se espalha das mãos para os antebraços, depois sobe até os ombros. Uma amiga chamava esse problema de Mal dos Yuppies. Eu até poderia rir se não doesse tanto. Foi tão forte que precisei vender meu carro, pois já não conseguia trocar de marcha, então comprei um automático. Também não podia limpar o jardim, porque sentia dor quando usava pá e enxada para cortar o mato. É um problema constrangedor, visto que os sintomas são invisíveis. Certo dia, um menino me pediu ajuda para levantar sua bicicleta e colocá-la na varanda. Ele não entendia por que eu não conseguia fazer algo tão simples. Minhas mãos ficaram tão fracas que eu não era capaz de segurar uma embalagem de leite.

O maior constrangimento era na fisioterapia. Houve uma ocasião em que um homem alto e magro pedalava em uma bicicleta ergométrica ao lado da minha. Ele trabalhava em obras e estava recuperando a força das pernas depois de elas terem sido esmagadas quando uma parede desabou sobre ele. O homem passou seis meses com as pernas engessadas. "E o que aconteceu com você?", ele me perguntou.

Eu queria dizer a ele que havia me machucado fazendo alguma coisa arriscada ou dramática, como rapel ou skydiving. "Eu andei escrevendo demais", respondi, constrangida com a verdade.

Marquei um teste de condução nevrálgica para descobrir o que havia de errado. Isso envolvia choques elétricos nos meus nervos das mãos e dos braços. O técnico posicionou dois eletrodos no meu braço, um com um fio vermelho e outro com um fio preto. Aquilo me fez lembrar uma carga na bateria de um carro. Um estimulador preto com pontas metálicas enviavam correntes elétricas aos caminhos percorridos pelos nervos. Um pouco antes de me dar um choque, a moça que fazia o exame perguntou: "Você já deu à luz antes?".

O primeiro choque se pareceu com uma batida mais forte do coração. O seguinte pareceu com uma batida no cotovelo.

O terceiro pareceu com a usina científica de brinquedo que eu tinha quando criança. O gerador do brinquedo emitia pequenos raios de eletricidade estática que usávamos para dar choques nos outros. A voltagem mais alta que a técnica usou em mim não chegou nem perto da vez em que tentei tirar uma lâmpada quebrada que ainda estava no soquete. Eu estava afastando os pedacinhos de vidro que tinha ficado no soquete com uma faca de cozinha, quando uma corrente elétrica se estendeu pelo meu braço e me derrubou no chão.

O teste inteiro durou cerca de 30 minutos e mostrou que eu havia sofrido lesões por esforço repetitivo (LER) nas mãos. Em outras palavras, eu escrevia demais no computador e descansava muito pouco. Acabei lendo todos os livros que pude sobre LER e simplesmente decidi começar a dar ouvidos ao meu corpo. Agora, quando minhas mãos se cansam, eu paro de digitar. Marco 20 minutos em um despertador, paro, levanto da cadeira e faço exercícios de alongamento. Aperto bolinhas de borracha com as mãos para mantê-las fortes. Gradualmente, elas foram melhorando. Desde que comecei a ouvir meu corpo, minhas mãos nunca estiveram tão fortes.

Durante um breve período, minhas costas me causaram problemas. Eu sentia uma dor constante no lado esquerdo e pontadas aleatórias no direito, como se alguém estivesse me espetando com uma faca. Isso aconteceu um pouco depois de eu ter encerrado as sessões de radioterapia para curar o câncer, então eu temia pelo pior. Uma ressonância magnética mostrou que não havia doença. Ufa! Ela revelou uma vértebra com artrite. Em vez de me render àquilo e ver a vértebra como um ponto fraco no meu corpo, decidi parar, ficar quieta e consultar minhas próprias costas. Do que ela precisava? Por que estava doendo?

Ouvi minhas costas revelarem o seguinte: "Você está tentando carregar todo o peso do mundo em cima de mim". Eu dizia "sim" a tudo e a todos. Eu me preocupava com os problemas de todo mundo e tentava suprir suas necessidades a ponto de quebrar a mim mesma.

Decidi dizer "não" com mais frequência, para reduzir a carga que colocava sobre mim. Faço exercícios para as costas e alongamentos todos os dias para fortalecer a musculatura em torno da minha coluna e continuar flexível. Não senti nenhuma dor durante anos. Eu honro e respeito minhas costas e sempre presto atenção aos sinais de alerta. Ao sentir dor, paro e me pergunto: "Que peso estou carregando que não me pertence?".

De vez em quando, porém, minha vida se desequilibra. Certa vez, no verão, desloquei a mandíbula. Durante dois meses meus dentes não fecharam direito. Tinha dificuldade para comer e falar. Então consultei meu dentista, que sugeriu a possibilidade de aquilo ser resultado de estresse. Será que eu não estaria rangendo os dentes enquanto dormia? Visitei um cirurgião bucomaxilar para tirar radiografias. Foi um alívio saber que o desalinhamento não era causado por nenhuma espécie de tumor. Ele não queria fazer nada invasivo para corrigir o problema, e eu também não. Desse modo, sugeriu alguns meios para que o realinhamento ocorresse naturalmente: relaxar a mandíbula por algumas semanas; parar de mascar chicletes; não morder gelo ou doces duros; aquecer a área ao redor da mandíbula antes de dormir; massagear suavemente a região da boca e os músculos do pescoço.

Anotei todas as recomendações, fui para casa, sentei-me e comecei a meditar. Eu havia me esquecido de perguntar a meu próprio corpo do que ele precisava. Por que minha mandíbula estava desalinhada? A resposta: minha vida estava desalinhada. Estava tão ocupada com lançamentos de livros e palestras que mascava chiclete como se fosse uma fumante passiva. Eu precisava arrumar um pouco mais de tempo para mim, me acalmar, relaxar sozinha.

Comecei a fazer aulas de ioga semanalmente. Também passei a contar com serviços de massagem uma vez por mês. Parei de mascar chicletes. Entrei em um retiro silencioso. Duas semanas depois, minha mandíbula estava alinhada. E em um mês a dor cessou e nunca mais voltou.

Judi Bar, uma terapeuta de ioga do Centro de Bem-Estar da Clínica Cleveland e da Heart Light Ioga, ensinou-me a ouvir a mim mesma e a discernir para o que eu deveria dizer "sim" ou "não" em minha vida. Meu radar estava desorientado. Eu precisava de clareza. Eu achava que tinha de consertar qualquer coisa que aparecesse em meu radar. Dizia "sim" para tudo.

Judi me fez ficar sentada, parada, durante alguns minutos. "Apague todos os pensamentos que vierem à sua mente e apenas respire", sugeriu ela. Então ela disse: "Agora, pergunte a seu corpo: como você se sente com o sim? Deixe seu corpo dizer o que o sim significa para você". Continuei sentada e perguntei, mas nessa primeira vez nada aconteceu. Então eu relaxei e senti meu rosto esquentar, como se eu estivesse sob um raio solar que me aquecia até o fundo do coração. Pude sentir um sorriso se formando em meu rosto e meu peito se expandindo a cada respiração, parecia que meu coração se abria diante do sol como se fosse uma flor. "Tudo bem, este é um sim bastante convincente", disse-me ela.

Então ela me fez relaxar mais uma vez e respirar profundamente durante mais alguns minutos. "Agora, pergunte a seu corpo: como você se sente com o não?". Então eu perguntei, mas nada aconteceu. Não houve resposta. Logo começaram a surgir sentimentos de dúvida e ansiedade. Eu estava à espera de uma resposta clara e certa como um não. Em vez disso, eu sentia uma nuvem de confusão pairando sobre mim e uma ventania de medo. Mas minha mente afastou o burburinho, aquele barulho interior que sempre soa tão irritante quanto a estática no rádio.

Ela pediu a mim que descrevesse meu não. Respondi que não senti exatamente um não. "Descreva-me o que você sentiu." Descrevi a dúvida, a ansiedade, o barulho, o medo, a estática.

"Esse é o seu jeito de dizer 'não'", disse ela. "Quando você tiver essas sensações, vai precisar dizer 'não'."

Aquele momento mudou minha vida. Eu sempre esperei sentir com a clareza e a certeza de uma marreta quando precisasse dizer "não". Como eu não experimentava aquele não poderoso, claro, acabava dizendo "sim" para qualquer necessidade e compromisso. Mas eu proferia "sim" a coisas que não eram prazerosas, significativas ou espirituais.

Hoje eu ouço meu corpo. Paro o tempo todo e pergunto: "*Do que você precisa?*". Então espero pela resposta. Ouço coisas impressionantes. Meu corpo na verdade precisa parar para comer, fazer xixi, dormir, se alongar, caminhar, beber, se movimentar.

Quando consulto minha alma, ela diz "sim" em alto e bom som. Sim é um show de fogos de artifício, ou pelo menos uma fagulha de prazer. E o não? Quando minha cabeça começa a ficar encalhada ou barulhenta e as nuvens começam a se formar, esse é o meu não.

Quando você aprende a ouvir a si mesmo, é impressionante o que se ouve. Realmente temos respostas interiores. Ouça e descubra ao dizer "sim" e, melhor ainda, ao dizer "não".

LIÇÃO
23
Entre no jogo

Onde estão os palestrantes inspiradores quando mais precisamos deles?

Todos os grandes discursos de formatura deveriam ser repetidos para aqueles que estão entrando na faculdade ou no ensino médio. O primeiro ano é o momento em que os novos estudantes precisam ouvir esses importantes conselhos.

Agarre-se ao trem rumo a uma estrela.

Marche ao som de uma bateria diferente.

Viaje pela estrada menos percorrida.

O primeiro ano é um despertar abrupto. Dias de glória? Nada disso. Estrelas caem. Baquetas quebram. A estrada mostra becos sem saída; ou está repleta de buracos e barris em chamas.

Existe uma canção maravilhosa de Brad Paisley na qual o cantor country revela um conselho para o adolescente que ele foi. Em "If I Could Write a Letter to Me", ele se dirige a si mesmo quando tinha 17 anos. Pede a seu eu mais jovem que faça aulas de datilografia, estude espanhol e não dê muita importância para álgebra.

O que eu diria para a aluna que fui? A mesma mensagem que eu transmitiria a qualquer estudante: entre no jogo; arrisque-se em tudo; aproveite todos os momentos; abra seu coração ao amor de algo ou alguém, menino, menina, objeto de interesse, esporte. Você não precisa meramente aguentar aqueles quatro anos. Você é capaz de torná-los tão mágicos quanto queira, mas apenas se permanecer aberto a tudo sem se apegar a nada.

Como dizia Theodore Roosevelt:

> Não é a crítica que importa: não é o homem que mostra como o homem forte tropeça nem o que aponta onde o realizador das proezas poderia ter feito melhor. Todo o crédito pertence ao homem que está de fato na arena [...], àquele que na melhor das hipóteses conhece o triunfo de sua grande realização e que, no pior dos casos, se falhar, ao menos terá falhado de maneira audaciosa e grandiosa.

Ouse entrar no jogo. Ouse lançar-se na arena da vida.

É o que eu gostaria de dizer a todos os meus amigos adolescentes que estão começando a vida no ensino médio. Lembro-me de quando os filhos de minhas amigas – Max, Kate e Alex – ainda estavam no útero. Pequenos amendoins em imagens de ultrassom. Como hoje eles podem ser daquele tamanho? Maiores que os pais? Tocarem em bandas nas horas vagas?

Se eu fosse capaz apenas de convencê-los a aproveitar tudo isso. Até mesmo os piores momentos são as melhores histórias das quais vamos rir pelo resto da vida, logo depois de uns anos de terapia.

Mas agora é tudo tão sério.

Pegue leve consigo mesmo. Algumas pessoas adoram o ensino médio; outras odeiam. Seja como for, dura só três anos. E descontando o verão, as férias, os fins de semana, são apenas dois anos de vida.

Três anos podem parecer uma eternidade se considerarmos um trabalho de dez páginas sobre literatura britânica, aulas na autoescola, um primeiro encontro, a primeira desilusão amorosa, um dia de castigo por causa das notas, brigas constantes com os pais, a angústia de ninguém nos entender, uma enorme espinha no nariz uma hora antes da festa de formatura, um "não" ao tentar entrar para o grupo de líderes de torcida, uma humilhação no acampamento ou ser cortado do time da escola. Muitas coisas podem dar errado e darão.

Observe do alto. Eleve-se acima de tudo isso e olhe para baixo para enxergar o grande esquema que é sua vida. E aqueles anos tristes no ensino médio? São apenas um borrão em um céu de brigadeiro... Ou em um lago traiçoeiro. Tudo depende do ponto de vista, então manter um olhar em perspectiva ajuda.

Faça boas escolhas. Como diz Dumbledore a Harry Potter, são nossas escolhas, muito mais do que nossas habilidades, que mostram quem realmente somos. Essas escolhas, meus amigos, são todas por sua conta. De ninguém mais. Todos nós tiramos umas cartas ruins ao longo da vida. A questão é a forma como as jogamos na mesa. Ou a forma como somos capazes de blefar com elas.

Ouse. As espinhas vão embora mais cedo se você não as apertar. Um pouco de base no tom da sua pele faz maravilhas. Vista meias extravagantes, uma camiseta diferente ou pinte seu cabelo de laranja para chamar a atenção por onde passe.

Desencane. Todo mundo se refere aos adolescentes como os mais egocêntricos de todos os *Homo sapiens*. Prove que eles estão errados. Ajude nos serviços de casa. Leve o lixo para fora. Passe o aspirador de pó. Limpe a garagem. Converse com o vizinho. Abrace a tia Berry. Visite o tio Joe. De vez em quando faça algo para melhorar a vida de alguém.

Participe de alguma coisa, qualquer coisa. De um clube. De uma atividade esportiva. De uma comissão. De alguma atividade que faça seu coração bater mais acelerado. Saia da frente da televisão, do celular, do computador e dos videogames por algumas horas. Tente algo novo de que você possa gostar, não apenas coisas que vão agradar seus pais ou que o ajudarão a entrar na faculdade certa.

Relaxe. Tudo parece um grande problema, mas não é. E, se for, vai deixar de ser assim que você mudar o foco para outra coisa.

Abra-se. Compartilhe o que há em seu coração com alguém que entenda seu humor, sua música, seus sonhos. Não saia com ninguém que o afaste de seus maravilhosos amigos, da família ou de você mesmo. Encontre alguém que o faça sorrir, gargalhar e voltar para casa flutuando.

Seja você mesmo. Você é bom o suficiente. Seu corpo estará repleto de hormônios, mas confie nele mesmo assim. Seu coração se sentirá como numa montanha-russa de emoções. Ouça-o mesmo assim. Não mude seu corpo, suas opiniões ou seus valores por causa da aprovação barata de alguém.

Como diz a música de Paisley, não se assuste. Esses não estarão nem perto de serem os melhores anos de sua vida.

Ela melhora, vai por mim.

Ou melhor, vá por si mesmo.

LIÇÃO 24

Deus nem sempre quer os fortes; às vezes, é preciso ser fraco o bastante para servir

Todos nós já ouvimos essas histórias.

Elvis Presley certa vez tirou zero nas aulas de música e o aconselharam a procurar emprego de caminhoneiro. Michael Jordan foi cortado do time de basquete da escola. *E o Vento Levou* foi rejeitado 38 vezes antes de ser publicado. J. K. Rowling vivia da ajuda de programas sociais antes de Harry Potter a tornar bilionária.

O professor de música de Beethoven dizia que ele não tinha futuro como compositor. Winston Churchill foi reprovado no exame para entrar na Real Academia Militar duas vezes, além de ser o pior aluno da turma. Lucille Ball foi afastada do curso de teatro por ser tímida demais. Julia Roberts não conseguiu um papel na novela *All My Children*.

Thomas Edison foi demitido duas vezes por falta de produtividade. Babe Ruth detinha o recorde de maior número de eliminações no beisebol. Walt Disney perdeu seu emprego em um jornal sob o argumento de que não tinha muita imaginação. Van Gogh vendeu apenas um quadro durante toda sua vida. Abraham Lincoln sofria de depressão, fracassou em dois empreendimentos empresariais e perdeu oito eleições.

Os fracassos dessas pessoas de grande sucesso me convencem de que nossa fraqueza, muitas vezes, é o reverso de nossa força. Eu costumava ficar aterrorizada sempre que precisava me expressar. Minha profissão? Escrever uma coluna de opinião no maior jornal de Ohio.

Não raro, nossos pontos fortes e fracos estão diretamente relacionados. Na maior parte do tempo eu resisti a assumir meus pontos fortes, porque ao fazer isso teria de enfrentar meus próprios pontos fracos. Demorou um tempo até eu aprender que Deus pode fazer bom uso de ambos. Levou ainda mais tempo para eu aprender que, às vezes, Deus nos escolhe por nossos pontos fracos, e não pelos pontos fortes.

Encontrei grande conforto ao constatar que, ao longo da Bíblia, Deus nem sempre escolhe os fortes. Ele se apodera dos defeituosos e dos fracos e os transforma. Uma pessoa como Moisés, que havia matado um homem, foi o escolhido para libertar um povo escravizado. Davi, que também ordenou um assassinato, foi escolhido para ser rei. E Jesus tem entre Seus 12 seguidores mais próximos um homem que mentiu, duvidou e O traiu.

Minha passagem favorita de Natal começa com "Não temais". Essas duas palavras denotam que Deus fará algo poderoso com alguém fraco. Eu amo o momento de *Um Natal de Charlie Brown* em que Linus se oferece para explicar ao amigo o significado do Natal por meio de uma citação do Evangelho de Lucas.

Lição 24

> Não temais, porquanto vos trago boas-novas de grande alegria que o será para todo o povo. É que vos nasceu hoje, na cidade de Davi, o Salvador, que é Cristo, o Senhor. E isto vos será por sinal: Achareis um menino envolto em faixas, e deitado em uma manjedoura.

Ouvi dizer que deveríamos ler a Bíblia como se fôssemos cada um dos personagens ali descritos. Certa vez, o sacerdote da minha igreja, o padre Tom Fanta, fez um sermão como se fosse o dono da estalagem que fechou a porta para a sagrada família naquela primeira véspera de Natal. Ele permaneceu no papel do início ao fim, desde sua presunçosa recusa até o vergonhoso remorso.

Segundo ele, somos o dono da estalagem que fechou a porta e não deixou espaço para os outros entrarem. Estamos ocupados demais para conversar com aquele amigo que se encontra em meio a um conturbado processo de divórcio. Nossa vida está cheia demais para abrirmos espaço ao trabalho voluntário em um abrigo de mulheres ou para cuidar do filho de um amigo.

Também somos aqueles pastores ocupados cuidando do nosso rebanho – nossos trabalhos, nossos passatempos, nossas famílias – e temos medo quando Deus se dirige a nós, seja na forma de anjos celestes ou terrestres – amigos, familiares e desconhecidos –, seja na forma de problemas e crises. Hesitamos quando somos convidados a algum lugar desconhecido e indesejado, ou a algum desvio de nossas trilhas profissionais ou de nossos calendários agitados e cuidadosamente planejados.

Somos como José, que em silêncio poderia ter abandonado Maria em vez de continuar um relacionamento que exigiria muito mais do que ele estava disposto a dar. Preferimos o normal, o sólido, o previsível – aquilo que podemos controlar. Planejamos nossa vida e, quando o fazemos, temos o cuidado de não deixar nenhum espaço para que Deus venha e vire tudo de cabeça para baixo.

Somos como Maria, que se assustou quando foi cumprimentada pelo anjo na primeira vez. Desejamos realmente que Deus chegue assim tão perto? "Não temais", proclamou o anjo.

O que aconteceria se Deus nos chamasse para executar algo maior? Por um segundo parece muito interessante, mas só até calcularmos os custos. E se for preciso mudar? Ganhar menos dinheiro? Voltar para a escola?

Quando Deus chamou Jeremias, ele queria recusar. Alegou que era jovem demais para aquilo. Moisés não se empolgou muito com a missão de congregar os israelitas e levá-los pelo deserto até a Terra Prometida.

Um padre certa vez confidenciou a mim que não tinha certeza, antes de sua ordenação, se era forte o bastante para tornar-se padre. Então alguém perguntou a ele: "E você é fraco o bastante?". Dizer "sim" a Deus não é uma questão de ser forte, mas de ser fraco e, não obstante, manter o sim.

Madre Teresa disse em certa ocasião que não foi chamada para ter sucesso, mas para ter fé.

Se sua resposta à pergunta "você é forte o bastante para servir?" for "não", talvez esteja se fazendo a pergunta errada.

Você é fraco o bastante para servir?

LIÇÃO 25

Quando não se tem nada além da fé, já se tem o suficiente

Durante toda minha vida, ouvi falar sobre a pobreza no terceiro mundo. Eu já havia visto imagens nos jornais, nas televisões, nas revistas, mas nunca havia testemunhado nada disso pessoalmente antes de uma viagem a El Salvador.

Quando terminou a guerra civil no país centro-americano, em 1992, os editores do *Beacon Journal*, em Akron, Ohio, decidiram enviar um repórter para escrever sobre o fim do conflito. Um menino salvadorenho chamado José havia perdido a perna na explosão de uma mina terrestre e recebera uma prótese artificial em um hospital perto de Akron. Eles queriam que eu descobrisse onde ele estava agora.

Embarquei para El Salvador com um fotógrafo uma semana antes de o cessar-fogo entrar formalmente em vigor. Uma hora no país e logo meus sentidos já estavam dormentes. Os sons, os odores e as visões eram impressionantes. Pessoas viviam em cabanas com paredes de terra e pedaços de madeira. Os tetos eram feitos de pedaços de papelão, compensado de madeira ou chapas de metal. As pessoas eram tão magras que era possível ver o contorno de seus ossos. Estavam sujas, descalças e imploravam por esmolas nas calçadas. Perus e galinhas moravam junto delas e em meio às casas de chão batido.

O percurso entre o aeroporto e La Libertad parecia uma viagem no tempo, um set de filmagem. Aquilo não podia estar acontecendo em 1992. Como as pessoas viviam daquela maneira? Nós viajamos com tecnologia de ponta para transmitir a matéria por telefone, via computador, em um país onde não se podia encontrar nem água para beber.

Passei a primeira noite em um hotel com o fotógrafo do jornal. A eletricidade era instável. Insetos do tamanho de passarinhos entravam e saíam do quarto. Foi difícil dormir. Na noite seguinte, ficamos com a equipe de missionários de Cleveland em La Libertad. Eles nos mostraram onde soldados e rebeldes executavam as pessoas e empilhavam os corpos na rua. Mostraram buracos de bala perto do altar da igreja, onde alguém tirou a foto de Jesus no meio de um tiroteio.

Dormimos em beliches, garantindo que os lençóis não encostassem no chão e fechando nossas mochilas para que tarântulas não as invadissem. Morcegos entravam e saíam do quarto. O doce cheiro das mangas e das bananas do mercado competia com o fedor do esterco das galinhas, dos perus e dos porcos. As ruas estavam cheias de lixo. Ônibus tão barulhentos quanto caminhões nos acordavam. A música repercutia a quadras de distância.

Nós contratamos um intérprete local e saímos em busca de José. O país era um verdadeiro paraíso de mar, areia, céu, montanhas, vulcões e coqueiros. Com a ajuda de um padre local, encontramos José numa casa na base de um vulcão em Nejapa junto da avó, Eduarda Morales. Ele morava perto de uma estrada de terra a cerca de 80 quilômetros de San Salvador. José era um menino quieto e triste que havia perdido o pai e a mãe. Por sua vez, Eduarda havia perdido praticamente todo mundo que amava, menos José. Eles moravam em uma cabana de terra ressecada menor do que uma vaga de garagem. Dividiam uma cama feita com uma pequena placa de madeira, não tinham luz elétrica nem água encanada.

Eduarda, que mantinha seu cabelo grisalho preso em um coque, sofreu de malária, artrite e desnutrição. O filho dela fora morto por soldados, e a perna do neto, arrancada, em virtude de uma mina terrestre plantada por guerrilheiros. Ela e o menino viviam dia após dia, comendo quando conseguiam encontrar comida ou algum trabalho temporário. A mãe abandonara o menino pouco tempo depois de seu nascimento.

José Raúl Morales vivera seus 11 anos como se tivessem sido 61 e passou praticamente a vida inteira esquivando-se de balas. O único momento de paz se deu apenas uma vez, durante os três meses que passara em Ohio para implantar a prótese na perna. A guerra fazia parte de sua vida tanto quanto o corte de cana e a farinha de milho que comia no jantar. Em Nejapa, 700 crianças morreram em 12 anos de guerra civil. Em todo o país, mais de 75 mil morreram. Um número muito alto para um local com cinco milhões de habitantes.

José ainda tinha medo de andar perto da estrada onde perdera a perna. Ele apontou para a árvore sob a qual estava naquela manhã de março de 1988, quando tinha apenas sete anos. Guerrilheiros haviam derrubado as torres de transmissão de eletricidade. José estava observando os trabalhadores recuperarem as linhas quando deu um passo para trás e ouviu a explosão.

Um menino que estava com ele saiu correndo para chamar Eduarda, e os soldados levaram José às pressas a um hospital que ficava a uma hora dali. Os médicos amputaram sua perna com um corte acima do joelho. Ele teve alta três meses depois. José e duas dúzias de crianças foram levadas aos Estados Unidos para receber tratamento médico. Ele aprendeu a andar com a perna protética em um programa do Departamento de Estado chamado Projeto Hope, iniciais em inglês para Oportunidade de Saúde para Pessoas de Todos os Lugares, que depois foi interrompido. Ele e Eduarda adoraram Ohio. As enfermeiras e os médicos haviam mimado os dois com presentes e carinho. Pessoas nos Estados Unidos queriam adotá-lo, mas aquilo significaria que Eduarda teria de abrir mão da guarda do neto, mas ninguém desejava algo assim.

José chamava a avó de mãe. Eduarda tinha 74 anos. Enquanto caminhávamos por um campo perto da casa deles, ela contou como a guerra se espalhou com confrontos por todos os lados. Ela mostrou onde viu a paz pela primeira vez. Como a paz poderia ter um lugar?

"Eu estava bem ali", disse ela, apontando o dedo enrugado na direção do céu azul onde viu os fogos de artifício explodirem durante as comemorações.

Ela não atribuía o fim da guerra aos rebeldes nem aos militares; dava todo o crédito a Deus.

"Deus nos trouxe a paz", disse ela. "Nós temos de pedir por isso."

Ela nunca parou de pedir. Começava a rezar toda vez que ouvia tiros ou explosões de bombas perto de casa. Rezava sempre que os guerrilheiros apareciam ou quando os soldados iam a sua casa para exigir comida. Também rezava enquanto José escondia-se embaixo da cama ou encolhia-se em um canto.

Não tinha mais ninguém além do neto. Ela vendera todo o café que já havia sido colhido nos campos, e tinha medo de que José não conseguisse trabalhar no futuro por causa da perna que perdeu. Ele cursava o quarto ano e raramente deixava de ir para a escola, apesar de ter de andar cerca de um quilômetro.

Cada centímetro da pele de Eduarda estava enrugado depois de 74 anos sob o forte sol de El Salvador. Os olhos e a voz dela eram testemunhas de um espírito jovial que nem a pobreza nem a guerra foram capazes de destruir. Enquanto a guerra transformava José em um homem, ela mantinha a fé de uma criança.

"Seja o que Deus quiser", dizia ela, acenando com a cabeça como se fosse uma criança obediente. "Eu não digo nada porque não posso. Tudo o que faço é sofrer com paciência."

De alguma forma, o dom da vida já era mais do que suficiente.

"*Sí, sí!*", exclamou ela. "Apesar de todo esse sofrimento, Deus me reservou suas bênçãos. Depois de tudo o que passei, Ele ainda me mantém viva. Agradeço a Ele."

Sua oração era "seja o que Deus quiser".

Eduarda agradecia pela vida em si. Em certos dias, era tudo o que ela tinha.

Jamais vi uma fé tão rica quanto a daquela pobre mulher. Ela e José não possuíam nada além da fé e de um ao outro. Para ela, aquilo era tudo. Naquela montanha, estive cercada pelas pessoas mais pobres da face da Terra, mas elas possuíam uma fé mais rica do que qualquer uma que já experimentei. Elas mantinham a fé quando passavam fome, quando não tinham onde dormir, quando soldados matavam seus entes queridos, quando guerrilheiros invadiam suas casas, quando minas terrestres arrancavam suas pernas. Depois de tudo aquilo, elas ainda glorificavam a Deus.

Até conhecer Eduarda, eu nunca havia entendido o versículo "abençoados são os pobres de espírito". Os pobres de espírito são abençoados não por serem pobres, mas por não estarem ligados a nada mais além de Deus.

Quando não se tem nada mais além de sua própria fé, já se tem o suficiente.

LIÇÃO

26

Seja um bom monge, e transforme sua vida em uma oração

O melhor mentor de escrita que já tive estudou para ser monge durante um tempo. Bill O'Connor não durou muito no monastério, mas levou para a vida todas as experiências que teve lá.

Trabalhamos juntos como repórteres do *Beacon Journal*, em Akron, Ohio. Sempre que eu me chateava com coisas pequenas ou assuntos de grande impacto que, na verdade, tinham impacto pequeno, ele dizia tranquilamente: "Apenas seja uma boa monja".

O que ele queria dizer com aquilo? Ser um bom monge significava levar uma vida de pobreza, caridade e celibato? Não para Bill. Quando eu estava apavorada por causa de algum prazo de fechamento de matéria ou apreensiva com algum evento futuro, Bill me alertava a permanecer no presente. Quando eu estava pensando em algo que estava por vir e me distraía com o futuro, ele me encorajava a permanecer no presente. "Não perca todos os dias entre o agora e o esperado e fatídico evento", dizia ele. Esteja presente aqui e agora.

A felicidade não pode ser encontrada em curas geográficas para o que esteja o deixando doente. Os monges fazem um voto de estabilidade. Eles ficam no monastério mesmo quando se sentem cansados e irritados. Vivem uma rotina sagrada, uma estrutura na qual se envolvem diariamente. Sempre preenchem os espaços sagrados com orações, estejam eles lavando pratos, fazendo pães ou entoando cânticos.

São Benedito introduziu a ideia de um comprometimento de se viver em uma única comunidade, a fim de evitar que os monges ficassem perambulando em busca de um lugar perfeito para servir a Deus, como se tal lugar existisse. No lado externo da Abadia de Getsêmani, em Kentucky, onde vivia o monge trapista Thomas Merton, duas simples palavras gravadas em pedra sobre os portões de metal dão as boas-vindas ao mesmo tempo que assombram: SOMENTE DEUS.

Esta é a solução de todos os problemas – Deus. Muitos de nós, inclusive, tentamos preencher um buraco do tamanho de Deus com um monte de outras coisas. Bebidas, drogas, chocolates, doces, namoros, jogos, sexo, compras, ganhos e um número incontável de outras coisas. Não importa como o ocupamos, continuamos nos sentindo vazios, porque nada é capaz de preencher esse espaço a não ser Deus.

Merton passou a vida naquele monastério em Kentucky escrevendo volumes e mais volumes sobre a santidade da vida comum que o rodeava. Não é preciso ser um monge para perceber que a busca da felicidade ocorre em um ambiente interior, e não com mudanças de casa, de trabalho ou de casamento.

Na busca por mais Deus em minha vida, visitei a Abadia de Getsêmani. Se você deseja rezar sem parar, é convidado a participar dos cultos diários, das vigílias que vão das 3h15 da manhã até às 19h30. Nesse ínterim, os monges rezam salmos e trabalham.

Eu acordei para tudo aquilo, apesar de minha cabeça balançar durante os cânticos. Conheci o irmão Matthew Kelty, que costumava fazer sermões depois do jantar. Ele nos dizia: "Deus tem seus caprichos". E isso nas palavras de um monge conhecido por usar botas de caubói por baixo de sua túnica.

No topo de uma colina, sentei-me em uma cadeira Adirondack ao lado de uma estátua gigante e lembrei-me da voz de um velho Amish que costumava dizer a todo mundo que encontrava: "Ore por um coração grato e humilde". No cemitério, todos os monges tinham a mesma humilde cruz, branca e pequena, com as extremidades no formato de uma folha de trevo, e uma lápide com o nome e a data da morte gravados. Pareciam estranhos lírios brancos plantados em uma ladeira esverdeada.

Ao longo dos quatro dias que passei na Abadia de Getsêmani, ensinaram-me que eu posso viver sem jornais, telefones e televisores. Posso viver em silêncio, mas acabo falando um pouquinho comigo mesma. Posso viver sem sorvete e sem chocolate, mas a paixão por eles permanece.

Os monges podem indicar o caminho até Deus, mas é nos braços de meu marido, de minha filha e de meus enteados que Deus vive, respira e preenche minha alma. Estive à procura e percebi que já O havia encontrado. Esfregue suas sapatilhas vermelhas, como em *O mágico de Oz*. Não existe lugar como o lar que Deus já criou em seu coração. Eu tinha poder o tempo inteiro. A presença de Deus já estava em mim.

O padre Jim Lewis, amigo meu, gosta sempre de dizer a todos que lhe pedem conselhos: "Deus é a resposta. Agora qual é sua pergunta?"

Nunca me esqueço de uma história simples que um homem compartilhou com um grupo de amigos meus sobre a escola católica que frequentou quando criança. Michael estava em um dia ruim e cuspiu em uma freira. Em uma freira! Isso é praticamente um crime em uma escola católica. Ela o arrastou até a diretoria, e ele ficou uma eternidade do lado de fora até ser chamado. Enquanto esperava, ficou imaginando qual seria sua punição. Acreditou que ela seria rigorosa. Em vez disso, ela disse gentilmente: "Michael, faça da sua vida uma oração". Ele nunca se esqueceu daquilo.

Faça da sua vida uma oração. Não faça da sua vida uma busca por conquistas, prêmios, popularidade, poder, reconhecimento, dinheiro ou fama.

Para muitos, a oração surge em um momento de crise. Todos nós temos nossas chamadas de emergência prediletas para Deus. Você pode rezar por alguns instantes ou pode transformar sua vida inteira em uma grande oração. Para mim, o câncer veio, e eu fiz orações dessas duas maneiras. Orei em momentos de crise, pedindo para sobreviver, mas também transformei toda a minha vida em uma oração, como um presente para os outros. Todos os dias eu me conecto com Deus, com minha fonte de energia, e permaneço sempre Altamente Energizada.

Como transformar sua vida em uma oração? Praticando.

Todos os dias eu abençoo minha vida com as palavras de Santo Agostinho, que pediu ajuda ao Espírito Santo para se transformar. Outros podem se referir ao mesmo aspecto de Deus como Espírito, Amor Divino, Presença Eterna ou qualquer nome que funcione para você. As palavras de Santo Agostinho funcionam para mim:

Ó Espírito Santo, respirai em mim para que seja santo o meu pensar.
Impeli-me, ó Espírito Santo, para que seja santo o meu agir.
Atraí-me, ó Espírito Santo, para que eu ame o que é santo.
Fortalecei-me, ó Espírito Santo, para que eu proteja o que é santo.
Protegei-me, ó Espírito Santo, para que jamais eu perca o que é santo.

Então eu respiro. Ao longo do dia, quando minha cabeça começa a girar, eu paro. "Apenas respire", lembro a mim mesma.

Às vezes, eu paro e me abençoo, coloco as mãos na cabeça e peço a Deus que abençoe meus pensamentos. Cubro os ouvidos e peço a Deus que abençoe o que eu ouço. Com a mão sobre os olhos, peço a Deus que abençoe o que eu vejo. Depois, coloco a mão sobre a boca e peço a Deus que abençoe o que digo. Então, repouso a mão sobre o coração e peço a Deus que abençoe o que sinto. Por fim, abro as duas mãos e peço a Deus que abençoe meus atos.

Desse modo, começo meu dia, sabendo que estou protegida, assim como estarão todas as pessoas com quem eu me encontrar.

LIÇÃO 27

Creia em abundância

Algumas semanas antes do Natal, o telefone tocou na redação do jornal; era uma ligação que abriria para sempre minha cabeça e meu coração e me faria acreditar na abundância.

O Natal é uma época em que os corações estão um pouco mais abertos aos milagres. É também um período no qual os jornais são inundados por pedidos de pessoas em busca de ajuda. Há muitos seres humanos necessitados e tantas são as causas dignas de atenção que fica difícil saber por onde começar e, começando, é impossível saber como vai acabar. Quantas pessoas você é capaz de ajudar? De que maneira você pode ajudar? Como jornalista, ao escrever muitas matérias sobre a necessidade de alimentos, moradia, roupas e brinquedos, corre-se o risco de espantar os leitores. Quantas vezes você pode se apossar do mesmo argumento e pedir às pessoas que deem uma olhada no fundo da carteira para ajudar mais um desconhecido?

Quando a família de Staci Callihan me ligou naquele mês de dezembro, meu próprio coração estava um pouco cansado de tanta necessidade.

A tia de Staci queria que um repórter escrevesse sobre sua sobrinha, que estava na unidade de terapia intensiva do Hospital Infantil de Akron. Staci tinha apenas cinco anos e tantos problemas de saúde que jamais deixaria o hospital, a não ser que alguém transformasse sua casa em um verdadeiro centro médico.

A menina respirava por aparelhos. Por isso, os médicos só a deixariam voltar para casa se ela tivesse um novo quarto, com sistema de ar-condicionado, fornalha com filtro, espaço para os aparelhos de respiração e monitoramento, além de uma cadeira de rodas para se deslocar pela residência. A casa precisaria de rampas de acesso e de um novo quarto adaptado para atender a todas as necessidades de Staci. Até mesmo a fiação teria de ser trocada para aguentar todos os aparelhos necessários. Os pais dela não possuíam dinheiro para tanto.

A mãe de Staci, Lily, parou de trabalhar para permanecer ao lado da filha. O pai, Jess, ganhava cerca de dois mil dólares por mês. Quando a tia parou de ler a lista de coisas de que Staci precisava, eu fiquei paralisada.

Quase desliguei. Eram tantos itens necessários que, mesmo que eu escrevesse sobre o assunto, quem seria capaz de atender ao chamado? Quem doaria milhares de dólares? Tentei dizer à mulher que não poderia ajudar. Staci poderia morrer em questão de meses ou até semanas. Não queria dar a ela falsas esperanças. Seria terrível escrever sua história e ninguém aparecer para ajudar.

Apenas vá visitá-la, pediu a tia. Apenas vá conhecê-la, implorou. Para ela, eu era a mídia, seu último recurso, sua única esperança. Eu não podia imaginar alguém que pudesse ajudar aquela família, mas uma pequena centelha dentro de mim dizia: "Vai saber".

Os médicos aconselhavam a família a deixar a menina "ir em paz", o que tornava o pedido ainda mais ultrajante. Meu único pensamento era quanto dinheiro seria necessário para promover todas as mudanças necessárias na casa. Mas o que eu não conseguia enxergar era quanto sua irmã, Rachel, a queria em casa. Eu não conseguia ver quanto os pais amavam sua bela adormecida.

Quando fui conhecer Staci, ela parecia uma boneca em tamanho real. Havia uma presilha brilhante com estrelas em seus cabelos castanhos sedosos. Ela tinha cílios negros enormes e vestia um vestido azul, meias brancas e um sapato de couro reluzente. Havia um Papai Noel de pelúcia em seu cercado e uma pequena árvore de Natal de plástico sobre o monitor enquanto no rádio tocava "Noite Feliz". Staci dormia. Sua mãe a chamava de Bela Adormecida. Tudo o que Staci fazia era dormir. A paralisia cerebral, a pneumonia, a epilepsia e os problemas respiratórios esgotaram seu pequeno corpo. Tubos entravam e saíam por seu nariz e sua boca. Ela deveria estar sentada no colo do Papai Noel, brincando com bonecas e imaginando se as renas seriam capazes de voar. Mas, em vez disso, estava lutando pela vida em uma cama de hospital.

Uma neurologista dizia que Staci não chegaria aos dez anos. Lily sabia que a vida da garota seria curta, mas queria que a filha passasse o pouco tempo restante em casa.

"Ela não viverá muito, mas está aqui por uma razão especial", dizia a mãe. "Ela é um anjo do céu."

Como eu poderia dizer não a um anjo em pleno Natal?

Então escrevi uma matéria detalhando as necessidades da menina. De algum modo, eu me sentia horrível por dar falsas esperanças à família e por pedir tanto aos leitores em uma época na qual os orçamentos ficavam apertados. Imaginava que a matéria não renderia dinheiro suficiente à família Callihan nem para a rampa de acesso.

O telefone tocou na redação no dia seguinte à publicação do texto sobre Staci. O dono de uma empreiteira lera o texto no *Beacon Journal* e queria ajudar. Paul Testa, da P. J. Testa Builders Inc., já havia inclusive conversado com os Callihans.

"Eu vou construir", disse ele.

"A rampa?", perguntei.

"Tudo o que precisar", retrucou.

Ele já havia negociado com fornecedores, subcontratados e funcionários. Todos concordaram em doar tempo, equipamento, peças e conhecimento. Ele reuniu uma equipe para construir o quarto e fazer todas as reformas necessárias na casa. De graça.

O presente de Natal de Staci passava de 20 mil dólares.

Não importava para Paul e para os outros que Staci pudesse morrer logo. Um funcionário chegou a comentar: "Se ela passar um dia em casa, já terá valido a pena".

Paul se ofereceu para fazer todo o trabalho, porque não conhecia mais ninguém que dispusesse de recursos para tanto. E porque era Natal.

Staci passou mais de um dia em casa. Ela viveu ali durante dez meses, e quase foi possível ver mais um Natal. Ela morreu em seu novo quarto num dia em que a mãe havia saído para fazer compras de Natal.

Lily doou tudo o que Staci ganharia de presente para a igreja, de modo que outras famílias necessitadas tivessem presentes para abrir.

"Sou grata por ela ter morrido em casa", disse Lily. "Ela sempre foi feliz aqui."

Staci foi enterrada em 22 de dezembro de 1993, um ano depois de Paul Testa e seus homens terem visitado sua casa em Akron pela primeira vez para iniciar a construção do novo quarto. Quando vi a foto de Staci no obituário, pude perceber que aquela criança com necessidades especiais viu ser cumprida uma delas. Staci Callihan ensinou-me a nunca subestimar a capacidade do coração humano, a nunca duvidar de quanto ele é capaz de se expandir.

Ela me ensinou que nenhum pedido é grande demais para não ser atendido. Nenhuma necessidade é tão grande que não possa ser suprida. Nenhum milagre é tão absurdo que não possa se realizar. E nenhuma vida é tão breve para não ter um significado.

LIÇÃO
28

Emita sua própria luz, independentemente de como o mundo a seu redor pareça escuro

Quando as luzes se apagaram, a primeira coisa que me veio à mente foi "ataque terrorista".

Logo percebemos que era um simples blecaute. Não apenas em Cleveland, mas em toda a Costa Leste, no Meio-Oeste e em parte do Canadá. Aquele dia de escuridão transformou-se em um dos mais iluminados de nossa vida.

O filho de um amigo meu, Finnegan, descobriu a luz em meio ao maior apagão da história dos Estados Unidos. Aquela criança de um ano e meio correu pela cozinha, no escuro, vestindo somente uma fralda, e carregava um sorriso nas bochechas gorduchas iluminadas pela luz de uma lanterna que apertava na boca. Ele a manteve no rosto e entrou em todos os cômodos da casa como se fosse um enorme inseto iluminado.

Ele nunca vai se lembrar de nada sobre esse blecaute a não ser aquilo que contarmos a ele.

Se formos honestos, vamos dizer a ele que primeiro imaginamos terroristas ameaçando o país com um ataque ao sistema elétrico, já que o blecaute aconteceu em 14 de agosto de 2003, menos de dois anos depois do 11 de Setembro. Também vamos dizer que, após a constrangedora sensação de "e agora?", o blecaute nem foi tão ruim assim.

Mais de 55 milhões de pessoas ficaram sem eletricidade, inclusive os moradores de Nova York, Baltimore, Buffalo, Detroit, Cleveland e Toronto. Os transportes pararam na Pensilvânia. Os aeroportos fecharam e se transformaram em acampamentos de viajantes que não podiam se deslocar. Os telões da Times Square se apagaram. Os shows da Broadway foram cancelados. O metrô parou e milhares de pessoas tiveram de ser retiradas dos vagões.

O apagão nos deixou sem energia, então criamos nossa própria explosão de energia.

Dirigimos durante o horário de pico com os semáforos desligados e sem nada para nos proteger dos malucos irresponsáveis na estrada. Rapazes de shorts e bonés de beisebol conduziam seus carros em uma sinfonia de buzinas. Nenhum motorista ficou nervoso o bastante para machucá-los enquanto pessoas comuns acenavam os braços para lá e para cá de modo a orientar o trânsito. Todos os cruzamentos se converteram em pontos de parada, com os motoristas de todas as direções permitindo educadamente a passagem do outro.

Diríamos a essa criança que "estar na rede elétrica" significava pessoas presas em elevadores, shoppings fechados, comidas estragando, sorvete derretendo, além de controles eletrônicos desligados, pias sem água e banheiros sem descarga nos aeroportos onde aviões não podiam decolar.

Também contaríamos que ele e a mãe descansaram em nossa sala de estar, porque o apartamento deles no quarto andar estava quente demais, sem ar-condicionado nem ventiladores, sob um calor de 32 graus. Era muito mais divertido e seguro atravessar uma crise juntos.

Diríamos a ele que, enquanto jantávamos à luz de velas, velhos amigos sentavam-se em gramados na frente dos prédios, vizinhos conversavam nas varandas, pessoas batiam papo e crianças enxergavam estrelas, normalmente ofuscadas pelas luzes das cidades.

Contaríamos a ele como uma multidão desesperada ignorou duas placas de "FECHADO" em vermelho na frente de uma farmácia Walgreen, como 40 pessoas esperaram para comprar pilhas, água, velas e gelo sem que ninguém gritasse com os funcionários que só deixavam duas pessoas entrarem por vez. Não esqueceríamos de dizer como as pessoas na frente da fila dançavam e as mães no fundo prometiam aos filhos que eles comeriam sorvete na janta. Também diríamos a ele que ninguém ficou irado quando um homem saiu com dez galões de água e o último saco de gelo. Em vez disso, a multidão aplaudiu, um estranho gritou "Missão cumprida!" e todo mundo deu risada.

Contaríamos como fomos para casa e descobrimos que seria impossível abrir o portão da garagem, ver a comida na geladeira, recuperar mensagens na secretária eletrônica e esquentar comida no forno micro-ondas.

Comentaríamos que não importa quanto nosso mundo avance, sempre devemos andar com dinheiro e manter em casa fósforos, velas, pilhas, água engarrafa, comida enlatada e um pequeno rádio de pilha; nunca devemos deixar o tanque de combustível abaixo da metade e sempre devemos conhecer nossos vizinhos pelo nome.

Falaríamos sobre como não conseguimos usar caixas eletrônicos, tocar um CD, ver um DVD, usar computadores ou assistir à CNN. Lembraríamos como o serviço de telefonia celular foi interrompido por causa do excesso de ligações e como os aparelhos ficaram sem bateria, porque não havia maneira de recarregá-los.

Descreveríamos como foi preciso ferver a água e cheirar a comida, além de não sabermos se saíamos do banho limpos ou sujos, porque a água do chuveiro saía amarelada.

Recordaríamos de como foi bom ficar um tempo sem ler e-mails, sem acessar a internet, sem ver reality shows, como foi bom poder conhecer verdadeiramente as pessoas da casa ao lado ou da frente, ouvir as cigarras com as janelas abertas e sair atrás de vaga-lumes.

Poderíamos contar a ele que em Nova York, Toronto, Detroit e Cleveland quase ninguém praticou saques, as lojas doaram sapatos para que as pessoas pudessem percorrer longas distâncias ao voltarem a pé para casa, estranhos deram carona para indivíduos que também não conheciam, outros fizeram festas em carrocerias de caminhões estacionados, vendedores fizeram cachorro-quente na rua, lojas deram sorvetes e vizinhos organizaram festas sem luz para quarteirões inteiros durante toda a noite.

Contaríamos a ele que, quando a energia elétrica falhou com os humanos, nós não falhamos com os outros.

Platão disse certa vez: "Nós podemos facilmente perdoar uma criança com medo do escuro; a verdadeira tragédia da vida é quando os homens têm medo da luz".

Em um dos dias mais escuros da história dos Estados Unidos, abraçamos a luz em que nos tornamos em meio à escuridão.

LIÇÃO
29

Conforte os doentes e, quando todos os outros fugirem, seja aquele que ficou

Quando eu lutei contra o câncer, tentei levar a vida da maneira mais normal que pude. Logo após encerrar uma de minhas últimas sessões de quimioterapia, fui falar em uma conferência sobre jornalismo na condição de presidente da Sociedade Nacional de Colunistas de Jornal.

Procurei parecer o mais alegre possível durante o voo de Cleveland para San Diego, mas eu me sentia muito mal. A comissária de bordo se mostrou preocupada ao me ver ali, careca, magra e fraca, encolhida em meu assento.

"Você é minha heroína", ela disse enquanto me entregava um travesseiro. Acho que ela pensou que aquela fosse minha viagem dos sonhos. Meu Deus, será que eu estava tão mal assim?

Provavelmente.

Ajudava saber isso?

Não mesmo.

O que dizer a pessoas que têm câncer? Todo mundo que já enfrentou a doença ouve essa pergunta. Atualmente, há dez milhões de norte-americanos vivos que um dia tiveram câncer. Com o envelhecimento da geração baby-boomer, nascida no pós-guerra, haverá ainda mais pessoas diagnosticadas vivendo com câncer. A doença não configura uma sentença de morte, como o era antes, mas muitas pessoas ainda acham que é.

Sempre quis escrever às pessoas uma lista de dicas básicas. A Sociedade Americana de Câncer oferece incontáveis delas no site www.cancer.org. O melhor conselho que eles dão é: "Responda com o coração".

Meu melhor conselho? Vamos começar pelo que não fazer. Aprendi essas dicas por causa da doença e por intermédio de amigos e familiares que também tiveram câncer. Cada pessoa é de um jeito, mas existe uma lista geral sobre como confortar os doentes, a qual também pode ser aplicada aos portadores de outras doenças.

Não fuja. O câncer traz à tona o melhor e o pior das pessoas. Em relação aos amigos, o câncer separa os fracos dos fortes. Muitos amigos não fazem essa separação. Muitos desaparecem. Uma de minhas amizades mais queridas não sobreviveu ao câncer. Ela não aguentava me ver mal. Costumávamos conversar todos os dias. Depois que adoeci, ela parou de me ligar e, em seguida, começou a não retornar as chamadas. Não seja o amigo que some. Escreva, telefone, visite, envie e-mail, mensagem de texto. Mantenha-se envolvido na caminhada. Quanto mais longo o tratamento, mais solitário se fica.

Não conte histórias horríveis de pessoas que não resistiram. Muita gente gosta de contar longas e detalhadas histórias com fins trágicos. Se o personagem principal morre, esse final não é considerado feliz. Isso não ajuda.

Não existem palavras certas quando se fala em câncer. Seja simples e diga: "Estou aqui para ajudar". No entanto, cumpra o que disse. Às vezes, não dizer absolutamente nada é melhor. Apenas a presença já é mais importante do que qualquer coisa que se possa dizer. Mantenha-se em contato, mesmo quando o paciente estiver cansado demais para falar, mesmo que ele durma durante sua visita, cancele planos ou não ligue de volta. Continue por perto. Para eles, a prioridade é melhorar, e não retribuir a ligação, devolver a travessa emprestada ou escrever uma mensagem de agradecimento.

Não ofereça conselhos médicos nem desencoraje a pessoa a seguir as etapas de tratamento a que está sendo submetida. Concorde você ou não, respeite as escolhas feitas por ela. Você não é oncologista.

Não exagere nem se desespere depois de um diagnóstico de morte iminente. A pessoa diante de você está bastante viva, independentemente do prognóstico.

Não culpe a pessoa por ter adoecido. Não diga que pode ter sido por falta de exercícios, por tabagismo, por consumo de carne vermelha ou por pensamento negativo.

Não diga nada que não seja um elogio, por exemplo, quanto as orelhas da pessoa parecem grandes agora que ela está careca por causa da quimioterapia. Quando meu cabelo voltou a crescer, ele ficou espetado como se fosse um pêssego marrom. Então, uma mulher confessou que meu cabelo parecia sujo. Certifique-se de que suas palavras são necessárias, úteis e gentis.

Não tenha medo da pessoa. Câncer não é uma doença contagiosa. Não mantenha cinco metros de distância se você for uma pessoa acostumada a abraçar. Aproxime-se e abrace.

Não diga que sabe como a pessoa se sente. Você não sabe. Mesmo que já tenha vivido algum câncer, você não sabe como a pessoa se sente em relação à doença.

Não faça perguntas pessoais que só devem ser feitas pelos médicos ou cônjuges. Dê alguma privacidade à pessoa. Muitos preferem manter seus problemas médicos como assuntos privados. Outros os tornam público. Cada um tem o direito de fazer como preferir, seja ficar em silêncio, seja gritar ao mundo.

Não prometa fazer algo que não pode ou não irá cumprir. Ofereça-se para fazer somente coisas a que esteja disposto.

Não leva nada para o lado pessoal. O câncer pode tornar o paciente irritadiço, tenso, triste, deprimido ou nervoso. Também o deixa terrivelmente cansado. Ele pode nem sempre retornar a ligação. Continue à disposição. Lembre-se: o fardo da amizade recai sobre a pessoa que está bem.

Não apresse a pessoa a falar sobre algo que ela não esteja pronta para discutir. Depois que minha amiga Monica foi para a ala de pacientes terminais, ela continuava falando sobre a quimioterapia. Nós sabíamos que não haveria mais nenhuma sessão, mas permitimos que ela mantivesse a esperança. Não precisávamos ficar lembrando o tempo todo que ela estava para morrer. Ela tinha 39 anos, ainda queria se casar e ter filhos. Nós a ouvíamos e encorajávamos para que ela relaxasse enquanto ainda tinha energia. Ela não relaxou, mas pôde saborear cada refeição, cada visitante e cada raio de sol que entrou em seu quarto antes de sua morte.

Quando souber que alguém está com câncer, segure o fôlego. A pessoa ainda está viva. Apenas pergunte: "O que posso fazer para ser útil?". Então, espere pela resposta.

Agora parta para a ação.

Mantenha-se em contato por telefone, e-mail e cartões. Permita que a pessoa responda quando sua energia permitir.

Em vez de perguntar "o que posso fazer?", ofereça-se para fazer algo específico. Ao sugerir várias opções, torna-se mais fácil escolher em um momento no qual a cabeça está um pouco confusa por causa da quimioterapia. Posso levá-lo à biblioteca? Quer ver um filme? Quer que eu busque um *milk-shake*?

Envie filmes, livros, presentes, flores e refeições em embalagens que não precisem ser devolvidas. Pague três meses de Netflix. Quando Monica estava no hospital, a irmã dela, Jacqui, organizou uma lista de cem filmes a serem assistidos. Eles se organizaram para assisti-los e eu liberei alguns meses de Netflix. Dê vales de jantar para restaurantes e pizzarias próximos.

Também ajude a pessoa que está cuidando. Dê ao cuidador a chance de sair para dar uma volta, tirar uma soneca, conversar sobre alguma coisa que não seja o câncer. Faça um plano para que a pessoa receba comida. Ajude a desenvolver um site de ajuda, uma lista de e-mails ou um blog que facilite o contato com grandes grupos de pessoas.

É difícil pedir ajuda, então facilite as coisas. Ofereça-se para algumas tarefas. Fique com as crianças. Leve as refeições. Chame uma faxineira. Leve as roupas à lavanderia. Abasteça a geladeira. Se pedirem alguma coisa que você não possa fazer, seja honesto.

Desconhecidos, familiares e amigos mantiveram-me em pé. As pessoas buscaram correspondências em meu trabalho e assistiram a filmes comigo. Mandaram tantos arranjos de flores que a sala de estar mais se parecia com um velório. Minha amiga Judy ficou ao meu lado após a cirurgia e lavou meus cabelos na pia da cozinha nos dois primeiros dias, quando eu não podia tomar banho. Jane comprou uma camisola e um robe. Sheryl comprou almoço, levantou meu moral e não me deixava ficar por fora das fofocas do trabalho. Beth me levou pilhas de filmes.

Tanta gente me apoiou que precisei organizar todo mundo em batalhões. Jim, um colega de trabalho que perdeu a irmã, Pat, para o câncer, me deu uma cópia do diário que ela manteve durante a convalescença. Pat criou sua própria empresa de cura. Havia um diretor de espiritualidade, um diretor de humor, uma diretora de beleza, uma copeira, um raspador de cabelo. A meta de cada um era conduzir suas equipes para a ajudarem a melhorar.

Aquilo me inspirou a escrever o nome de todo mundo que se ofereceu para ajudar. Todo mundo dizia: "Se houver alguma coisa que eu possa fazer para ajudar, é só me dizer". Dividi todos em grupos. Aqueles que sabiam cozinhar e limpar eram meus cuidadores. Aqueles que eram sempre otimistas em relação à vida formavam minha equipe de apoio moral. Aqueles que me faziam rir por levarem uma vida de relacionamentos ruins faziam parte da minha comissão de humor. A comissão de beleza podia pintar minhas sobrancelhas (que haviam caído), escolher os brincos certos para amenizar minha cabeça careca e me ensinar a amarrar um lenço.

Encarreguei meu marido de pagar as contas e os seguros, assim eu não teria de olhar a fatura do hospital nem me preocupar com as despesas do tratamento. Ouvi falar de pessoas que indicavam amigos para coletar as últimas informações médicas, manter os registros organizados, anotar os medicamentos tomados e os efeitos colaterais e acompanhá-las a seus tratamentos.

Ajude a pessoa com câncer a delegar tarefas, para que ninguém fique sobrecarregado. Faça uma lista do que elas precisam e querem, depois uma lista de familiares, amigos, colegas de trabalhos e vizinhos que podem se unir para ajudar a atender a essas necessidades e vontades. A comissão de transportes pode organizar caronas, cobrir as despesas de estacionamento, as visitas familiares ao hospital e os comboios para jogos de futebol. A equipe espiritual pode proporcionar Reiki, meditação, orações, ioga, musicoterapia, fitas para ouvir ou audiolivros inspiradores.

Ouça. Você não precisa dar respostas, conselhos ou apresentar um plano de ação. Apenas ouça. Sinta-se à vontade com o silêncio e sempre olhe as pessoas nos olhos, independentemente de como ela esteja. Deixe que ela fale sobre outras coisas além do câncer: filmes, livros, atualidade. Elas não são apenas pacientes, ainda são mãe, pai, irmã, irmão, amigo, colega de trabalho.

Ouça seu coração, não apenas seus ouvidos. Eles não estão pedindo a você que cure um câncer; eles querem apenas que fique junto e por perto nesses momentos. Seja uma válvula de escape. Deixe a pessoa chorar, xingar, queixar-se e reclamar, mas não a julgue.

Caso sinta-se desconfortável, controle a sensação. A pessoa com câncer sente-se muito mais desconfortável do que você. Tente ver a situação pela perspectiva dela. Não olhe para os monitores, para as sondas intravenosas, para as cicatrizes, para a careca e lembre-se de que a pessoa que você ama continua ali.

Se estiver em dúvida, simplesmente pergunte: "Existe alguma coisa que eu possa fazer para você se sentir mais confortável?". E faça o que for pedido.

Esse também é um bom conselho para comissárias de bordo.

LIÇÃO 30

Há um Pai rico que o ama e oferece a você um estoque infinito de abundância – e Ele age assim com todo mundo

A maior lição deixada por meu pai sobre dinheiro dizia respeito a como dobrá-lo e guardá-lo.

Se você pusesse a mão no bolso e puxasse uma nota de um dólar toda amarrotada ou, pior, um monte de notas amassadas, papai balançaria a cabeça e diria: "Isso não é jeito de tratar seu dinheiro".

Ele, então, desamassaria as notas com suas grandes mãos calejadas, aquelas mãos morenas de tanto trabalhar no sol martelando telhas e pendurando calhas, aquelas mãos manchadas de piche e solvente, aquelas mãos com marcas de cortes e queimaduras.

Papai nos ensinou a guardar o dinheiro sem amassá-lo, com uma dobra na horizontal e depois uma nova dobra ao meio. Dessa maneira, quando o dinheiro estivesse no bolso, ele ficaria todo junto e nunca cairia.

Meu pai respeitava o dinheiro, porque foi algo escasso durante sua infância e juventude. Sua família perdeu tudo durante a Grande Depressão. Ele parou de estudar na oitava série para poder trabalhar e ajudar seus pais e irmãos. Meu pai trabalhou a vida inteira com folhados de metal. No verão ele consertava telhados. No inverno, reparava fornalhas. Entre essas estações, construía dutos de aquecimento.

Nunca soube quanto ele ganhava. Minha mãe usava o dinheiro para comprar alimentos e coisas para a casa. Quando meu pai ficou sem trabalho, ela arrumou um emprego por meio período, e a vergonha por essa situação o fazia querer morrer. Ver a esposa trabalhar o machucou por dentro. Ele queria que seus 11 filhos continuassem na pequena cidade onde foram criados, e também ficou magoado quando todos saímos de casa para ir à faculdade ou seguir nossa carreira.

Assim como muita gente que trabalhou duro para sobreviver, não tínhamos uma impressão muito boa das pessoas ricas. Já crescidos, achávamos normal baixar a cabeça para gente muito rica. Não éramos autorizados a ter preconceitos com relação a ninguém. Aprendemos que pessoas de todas as raças, nacionalidades e religiões precisavam ser respeitadas. Mas os endinheirados eram "aquelas pessoas".

Ninguém chegava a dizer que se tratava de gente ruim, mas algumas mensagens subliminares nos indicavam que riqueza e ganância andavam de braços dados. Ser rico não era algo a ser admirado ou a se aspirar.

De um modo estranho, nós quase glorificávamos a pobreza. "Abençoados sejam os pobres de espírito" transformou-se em "abençoados sejam os pobres". Na Igreja católica, aprendemos que Jesus era pobre, e este era o maior de todos os objetivos da vida: ser pobre.

Demorou muito tempo para a vida me ensinar que Deus não tinha nada contra o dinheiro e nada contra as pessoas que o possuíam em demasia. Quando menina, sempre que alguém ganhava na loteria, recebia uma herança ou conseguia um aumento, ouvia as pessoas advertirem: "O dinheiro é a raiz de todo o mal". Como se fosse uma espécie de maldição. O que está na Bíblia é, na verdade: "O amor pelo dinheiro é a raiz de todo o mal".

Precisei me esforçar muito para deixar de glorificar a pobreza e demonizar o dinheiro. Eu não teria uma vida próspera se pensasse dessa maneira. Minha mentalidade, e não minha carteira, limitou meu potencial de ganho e minha capacidade de doação aos outros. Passei muitos anos evitando o dinheiro. Não investi em aposentadoria. Não conseguia arrumar coragem para pedir aumento. Eu tinha o suficiente para viver e era grata por isso.

Ouvia dizer que os problemas relacionados ao âmbito financeiro nunca decorrem do dinheiro. O problema é o que você pensa sobre o dinheiro e como se comporta em relação a ele. O problema é o seu próprio relacionamento com o dinheiro. Cada indivíduo lida com ele de uma maneira diferente. Trata-se de um relacionamento bom ou ruim?

Um dia, minha amiga Vicky me emprestou sua cópia de *Quem pensa enriquece*. O título parecia quase pornográfico. A palavra "enriquece" me desestimulou. Era normal ter que pensar em enriquecer? Li o livro, mas sempre resistindo a essa palavra. Enriquecer parecia uma traição às raízes trabalhadoras e aos calçados surrados do meu pai.

Com o passar do tempo, li outros livros sobre finanças. A maioria recomendava uma análise da origem de nossa atitude em relação ao dinheiro. Minha influência vinha praticamente toda de meu pai. Ele me ensinou que "dinheiro não nasce em árvore". Sempre que queríamos alguma coisa, a resposta era "vocês não precisam disso". Quando reclamávamos que queríamos alguma coisa melhor, ele nos repreendia: "Um cego já ficaria feliz se pudesse enxergar".

Minha mãe passou a maior parte da vida sem ter uma renda própria. Um dia voltei da casa de uma amiga toda empolgada para contar que na casa dela havia uma janela de vidros coloridos. Uma janela de vidros coloridos! Minha mãe questionou: "Sua casa não é boa o bastante?". Talvez ela estivesse em um dia ruim, mas a mensagem que interpretei foi para não admirar o que você não tem, mas ficar feliz com o que tem e ponto.

Meus pais tinham uma consciência de pobreza difícil de desenraizar. Os dois tiveram a infância moldada na Grande Depressão, o que os deixava com um medo constante de não terem o suficiente.

Nossas roupas eram de segunda mão. Papai nunca comprava nada no cartão de crédito, pagava sempre em dinheiro. Ele pertencia a uma geração de pessoas que trabalhava demais, provedores que passavam o dia inteiro na labuta, voltavam para casa, liam os jornais, jantavam e depois retornavam à garagem para trabalhar mais um pouco. A única distração de meu pai era o trabalho.

Diversão era considerada coisa de gente preguiçosa. Brincar era uma perda de tempo, então a meta era conquistar um emprego fixo e segurança. Assumir risco e buscar algo que se amava na vida era irresponsabilidade.

Uma consciência pobre acredita em limite, em competição, em escassez, em falta, em medo e em vergonha. Você pega, aperta e segura bem firme o pouco que tem e não pensa em soltar para tentar algo melhor.

Antes eu tinha medo de ter um salário anual de seis dígitos. Aquilo significaria que eu era rica, aspecto considerado errado, então eu me recusava a pedir aumento. Na época, admirava mais um carro quadrado com portas que não combinavam do que uma BMW, uma Mercedes ou um Porsche. Eu via os tíquetes de alimentação como um ato de nobreza.

Eu dizia constantemente coisas como "não posso", "não tenho dinheiro" ou "não tenho como pagar isso".

Demorou muito tempo até que eu abandonasse essa mentalidade de pobreza, que eu percebesse que meu destino financeiro cabia a mim. Não se tratava de genética e não era uma coisa estática para o resto da vida.

Comecei a acreditar que existe o bastante para correr atrás, para mim e para todo mundo. Comecei a acreditar em um Deus de abundância, um Deus de prosperidade. Meu dinheiro é o dinheiro de Deus, e Ele não tem nada contra isso.

Quando você muda a forma como se relaciona com o dinheiro, sua renda muda. Ao abandonar minha mentalidade de pobreza, minha capacidade de dar e receber mudou. Foi difícil. Escrevi uma enorme lista de novas mensagens para dizer a mim mesma sobre dinheiro, abundância e riqueza.

Eu mantenho um diário no qual registro sinais de abundância vinda de pessoas, lugares, momentos que completam meu coração e de pessoas cujo coração eu encho de bênçãos, presentes, elogios e ações gentis. Tomo nota do almoço que minha filha me preparou, das refeições que eu cozinho para os outros, dos abraços dados e recebidos, das moedas encontradas na calçada, dos prêmios recebidos, das gorjetas deixadas para os garçons, dos telefonemas, dos cartões, das conversas animadas, dos e-mails positivos enviados e recebidos e das notas de agradecimento dos sobrinhos.

Eu abençoo cada cheque que assino. Em vez de reclamar da conta de gás, de luz e de água, eu agradeço por ter uma casa com aquecimento, luz, chuveiro quente e comida na geladeira. Escrevi a palavra "abundância" em letras vermelhas brilhantes e colei na caixa onde guardo minhas contas e meu talão de cheques.

Criei uma equipe de abundância em minha vida e ela só quer o melhor para mim, inclusive mais do que eu mesma. Tomo minhas decisões financeiras por eles e compartilho minhas vitórias.

Pratico a doação com alegria. Quando se trata de pagar impostos, não reclamo. É prova de que tive um ano abundante. Nada mais dessa coisa de criticar que sou vítima do governo. Os impostos que pago cobrem todos os serviços de que gosto: uma biblioteca cheia de livros, estradas pavimentadas, polícia, corpo de bombeiros e escolas que educam as crianças da minha comunidade.

Escrevi o salário de meus sonhos em um cheque fingindo ser do universo e o colei na prateleira de remédios para olhar para ele sempre que abro a porta. Olho para o espelho e digo a mim mesma: "Regina, você merece a abundância". Então, permaneço aberta e pronta para recebê-la.

A perspectiva da prosperidade não denota que algumas pessoas ganham e outras perdem. É uma relação em que todos conquistam algo. Trata-se de acreditar que há mais do que o suficiente para todo mundo. Trata-se de liberdade financeira, de ter fé, de gastar com consciência, de economizar e doar. Trata-se de gostar tanto do que se faz a ponto de imaginar que você nunca precisou trabalhar durante toda a sua vida.

Agradeço conscientemente ao dinheiro que tenho. Vejo-o como uma coisa positiva que vai continuar entrando em minha vida até a aposentadoria, para que eu nunca me transforme em um fardo para meus filhos. E que vai abençoar a vida deles até muito tempo depois de minha partida. Posso fazer boas ações com o dinheiro agora e abençoar o mundo.

Deus é a fonte em minha vida. O chefe, a empresa e a economia não são. Hoje, em vez de declarar que "não tenho dinheiro para tal coisa", eu me pergunto: "será que realmente preciso pagar por isso?". Se sim, como devo proceder?

Eu não baixo mais a cabeça para o dinheiro. Olho para dentro dele em busca de abundância.

Não baixo mais a cabeça para os ricos. Eu me vejo rica.

Tenho um estoque infinito de abundância de um Deus rico que me ama.

E você também.

LIÇÃO 31

Leve carga durante a subida

Algumas pessoas entram em sua vida e deixam uma marca em seu coração, daquelas que nunca se desfazem.

Você se lembra do exato momento em que se conheceram. Monica Turoczy foi uma dessas pessoas.

Eu a conheci alguns anos atrás em um evento de arrecadação de recursos para o Centro de Apoio a Vítimas de Estupro de Cleveland. Ela não era a mulher mais alta da sala, mas parecia ser, porque mantinha a cabeça mais alta do que todo mundo. Seus cabelos negros estavam perfeitamente penteados e o batom combinava com a cor das unhas, da bolsa e dos sapatos.

Ela estava conversando com todos na sala e fazendo com que todo mundo se sentisse importante. Ela sabia que as pessoas adoravam falar sobre si mesmas, então as olhava diretamente nos olhos, fazia um milhão de perguntas e queria de verdade ouvir as respostas.

Nós nos tornamos amigas desde o momento em que nos conhecemos. Ela sempre me cumprimentava com as seguintes palavras: "Oi, boneca". E soltava sua palavra favorita em todas as conversas: "Fantástico".

Ela era 15 anos mais nova do que eu, mas agia como se fosse uma irmã que cuidava de mim, dando-me conselhos sobre moda, trabalho e relacionamentos. Minha amiga Monica vivia sob o seguinte lema: "Leve carga durante a subida".

Seja qual for a escada da carreira que você escolheu, leve alguém consigo. Você pode subir a escada da carreira de salto alto, botas de chão de fábrica ou de chinelos. Não importa o que você calça; o essencial é o que você leva junto consigo enquanto sobe. Valorize cada pessoa que conhecer, independentemente da posição que ocupe.

Ninguém deve subir sozinho a escada da carreira. Leve alguém junto enquanto o faz. "Nunca fuja do fato de que você é uma mulher nos negócios", dizia Monica às mais jovens. "É sua grande vantagem em uma sala cheia de cavalheiros. Muitas mulheres acham que precisam se relacionar como os homens. Crie seu próprio estilo."

Ela trabalhava e se relacionava com paixão, pois nunca se tratou de algo apenas egocêntrico, sempre pensava em enriquecer a vida das outras pessoas. Monica era capaz de fazer com que as mulheres dessem o melhor de si. Em vez de aprender a jogar beisebol ou golfe para ser como os rapazes, ela inventou um evento de fofocas para as meninas. Criou o Power Pedi, onde as mulheres de negócios se relacionavam enquanto faziam os pés. Ela convidou um grupo de mulheres poderosas, jovens e idosas, iniciantes e experientes, para falar de negócios enquanto iam à pedicure.

"Se os homens podem matar a tarde jogando golfe, nós podemos aproveitá-la indo à pedicure", ela me disse.

Sua filosofia: "Encontre seu ritmo e surfe nele como uma onda".

Essa onda a levou a Washington, capital dos Estados Unidos, depois de deixar seu posto no Conselho de Educação Superior do Norte de Ohio. Então um dia eu encontrei a tia dela em Costco.

"Você soube da Monica?", perguntou ela. "Ela vai passar por uma cirurgia no cérebro amanhã."

Havia começado como uma dor de cabeça que não ia embora. Os exames mostravam tumores por todos os lados, no cérebro, nos pulmões, no abdome. Monica passou de uma mulher vibrante de 38 anos a uma mulher com câncer no quarto estágio, à beira da morte.

Ela se mudou para Cleveland para receber o melhor cuidado médico do mundo. Sua mãe havia morrido anos antes de câncer de mama, então a irmã dela, Jacqui, assumiu a tarefa de cuidar de Monica durante todos os seus passos.

Elas lutaram. Cirurgia, radioterapia, quimioterapia. Jacqui ficou acampada no pé da cama de Monica no Hospital Universitário durante semanas. Ela literalmente carregou a irmã, ajudando-a a reaprender a andar depois que o câncer afetou sua coluna.

Nunca me esquecerei de como Monica estava vestida para sua primeira sessão de quimioterapia. Ela parecia vestida para um encontro. Eu ia de tênis e calça jeans às minhas sessões de químio. Monica vestia uma saia branca e uma camisa rosa que combinava com seus sapatos, com as unhas e com o petulante chapéu.

Quando a cirurgia no cérebro a deixou grogue, ela perguntou: "O que está rolando contigo?". Quando a radioterapia a deixava esquecida, ela dizia: "Do que você estava falando mesmo?".

Quando o câncer a deixou perto da morte, ela dizia: "E como vão seus netos?".

Eu me sentia mal por continuar prometendo a ela que sua saúde ia melhorar. Meu amigo Patrick, um padre, lembrava-me gentilmente: "já melhorou".

No funeral, Jacqui pediu que eu lesse um poema que Monica escreveu sobre si mesma. Era na verdade uma propaganda pessoal que ela havia escrito. Descrevia Monica melhor do que eu seria capaz:

> Sou um ágil par de botas de couro preto. Sou um bom livro com chocolate quente em uma manhã fria, mas com sol às margens do rio Potomac. Sou uma jovem de mãos e pés com unhas pintadas de vermelho e sandálias novas na primavera.
>
> Sou a menina que sempre fica maravilhada e se delicia ao se aproximar da Parkway em uma noite de lua cheia, com o domo e o Monumento Washington revestidos de luz.
>
> Sou uma tarde na galeria Renwick seguida de uísque e carne no restaurante Charlie Palmer.
>
> Sou inteligente... Genial e engraçada.
>
> Sou uma rodada de 18 que chega a 90 pontos em um dia de sol em Hilton Head, no Congresso ou desejando estar na cidade de Augusta em abril.
>
> Sou um vinho que vende mais quando é degustado do que pelo catálogo. Sou o que "crepita" em sua cabeça quando você inicia sua terceira teleconferência no fim de uma tarde de sexta-feira.
>
> Sou a debatedora que iguala o placar em relação a sindicatos, política externa, educação, saúde e eleições de meio de mandato.

Sou feliz como uma manhã de Natal e como uma cereja que floresce ao primeiro sol de abril ao longo do vale, sob o olhar de Thomas Jefferson.

Sou a pessoa que se diverte com um passeio descendo pela avenida principal e parando para uma pizza de queijo na Paradiso.

Sou a única descalça nas praias de Porto Mari no meio do inverno, tomando suco de tamarindo depois de um mergulho com um peixe palhaço.

Sou o pôr do sol que existe apenas nas colinas ao norte de Siena, encobrindo as encostas de Chianti e as oliveiras verdes.

Sou a chama que você não teme.

Monica era uma fagulha humana. Ela queimou com brilho e rapidez e de repente se foi. Mas sua luz brilhará para sempre em todas as pessoas que ela carregou consigo.

LIÇÃO
32

Seja original e invente seu próprio caminho

Os melhores discursos de formatura são curtos. Poucas pessoas se recordam dos discursos longos. O discurso de Gettysburg[4] tinha dois minutos de duração. Mas e o cara que falou por duas horas? Poucos se lembram da mensagem que Edward Everett transmitiu naquele dia.

Abraham Lincoln foi humilde ou ingênuo ao pronunciar: "O mundo não vai dar muita atenção nem vai lembrar por muito tempo do que falamos agora, mas jamais poderá se esquecer do que eles fizeram aqui". Nunca nos esquecemos dessas palavras gravadas perto de seu monumento em Washington, as quais terminam dizendo que um "governo do povo, pelo povo, para o povo jamais perecerá sobre a face da Terra".

4 Proferido por Abraham Lincoln em 19 de novembro de 1863, durante a Guerra Civil Americana. (N.T.)

Não me lembro de quem discursou em minha formatura da escola nem durante as duas vezes em que me formei na faculdade. Já proferi alguns discursos em formaturas de escola, faculdade e academia de polícia. Quando fui pesquisar o que outros grandes oradores haviam dito, a maioria recomendava que os formandos seguissem seus próprios caminhos, citando Henry David Thoreau, que escreveu sobre marchar ao som de outro tambor.

Como seguir seu próprio caminho?

Permita que a vida o guie. O emprego que você não quer pode levar à carreira que você quer. A namorada que você queria e não apareceu pode abrir espaço para que você conheça a parceira perfeita na próxima festa. A rejeição é uma parte necessária desse processo. Antes de me formar na faculdade, enviei 30 currículos e recebi 30 cartas de recusa. O doloroso processo de eliminação levou-me à única porta aberta, um trabalho como jornalista em um pequeno jornal que deu impulso a minha carreira.

Nunca diga nunca. O emprego que você não quer pode levar à carreira que você quer.

Eu costumava repetir a mim mesma que nunca escreveria matérias sobre governo e negócios. Justamente por ser chato, rígido e árido demais. Minha primeira função? Visitar a Câmara dos Vereadores de Lorain, Ohio, para o *Lorain Journal*. A seguinte? Cobrir negócios no *Beacon Journal*, em Akron. O emprego errado, mas no lugar certo.

Expanda seu horizonte. Em vez de esperar que seu chefe lhe dê um título e uma descrição de cargo, invente você mesmo seu próprio título e cresça dentro desse espaço. Não diga "sou apenas um (preencha o espaço em branco)". Atue como se fosse mais do que isso. Primeiro, atenda às necessidades de seu chefe, mas nunca se esqueça de atender as suas próprias necessidades. Em vez de esperar seu novo namorado ou sua nova namorada dizer "eu te amo", por que você não aproveita a oportunidade e diz primeiro? Assuma o risco e ame primeiro.

Ame o fato de você ser um trabalho em andamento: você não é um produto acabado; pelo contrário, está em constante evolução. Honre o grande projeto do Mestre. Descubra o mapa de sua alma. Seja criativo. Ouse. Seja diferente, escandaloso. Seja original. Seja você mesmo. Lembro-me da história de um homem que era grande apreciador do trabalho de Madre Teresa e havia escrito a ela falando sobre ir a Calcutá para fazer com que o trabalho da vida dela fosse o de sua vida também. Um dia ela respondeu à carta, e suas palavras o deixaram estupefato: "Encontre sua própria Calcutá".

Crie seu próprio mapa. Em vez de encontrar seu lugar no mundo, desenhe seu mundo. Não use o mapa dos outros. O problema dos mapas (além de você nunca conseguir dobrá-los como da primeira vez) é que eles só o levarão a algum lugar onde outra pessoa já esteve. Por isso, não existe mapa para o restante de sua vida. Outro detalhe: eles são conservadores demais, não há pontos de exclamação em mapas.

Se seu coração está em Georgetown, não vá para Notre Dame só porque alguém de sua família já foi. Não vá para a faculdade se seu sonho for trabalhar na ferrovia e você sente aquele trem apitando em seu coração desde a infância. Não fique na cidade pequena onde você cresceu com a incumbência de trabalhar no negócio da família se seu desejo é estar em um palco em Nova York ou dirigir um filme em Hollywood.

Quando estiver sem mapa, use uma bússola. Todos nós temos uma. Ela está dentro de você. E sempre aponta para seu verdadeiro norte, o lugar projetado por Deus especialmente para você, para o desejo de seu coração. Consulte-a sempre que se sentir perdido.

Ouça a si mesmo e silencie todas aquelas vozes a seu redor. As pessoas passam e podem sacudir o globo de neve, que é uma metáfora para seu mundo. Uma crítica mordaz, uma fofoca sem fundamento, uma porta fechada e a neve começa a cair. Mantenha-se calmo e quieto. Deixe a tempestade passar. Os flocos vão se acomodar e você vai descobrir que seu tesouro interior continua firme e forte.

Existe o lugar certo para cada pessoa. Seu lugar não pertence a mais ninguém.

Para muitos indivíduos, a parte mais difícil da vida começa assim que a cerimônia de formatura termina. As roupas já estão amarrotadas, os chapéus já foram atirados para o alto, os discursos já caíram no esquecimento. Muito em breve você estará por sua própria conta no mundo acadêmico, profissional, das viagens ou do serviço militar. Por algum tempo você vai continuar confiante em relação a sua escolha, vai até mesmo contar vantagem disso. No entanto, algum dia você pode se flagrar perguntando a si mesmo: "O que foi que eu fiz da minha vida?".

Isso pode acontecer no momento em que você divide o quarto com uma pessoa que não acredita em desodorante. Ou no dia em que o acampamento militar o tenha feito sofrer tanto que você chega a pensar se vai realmente conseguir viver por mais uma hora, só que não pode ligar para seus pais dizendo que vai desistir porque todo mundo em sua família, desde seu tataravô, serviu o país, e você não pode decepcioná-los.

Ou a pessoa com quem você combinou de fazer um mochilão por toda a Europa se apaixonou por alguém e o deixou sozinho em um albergue em Frankfurt.

Ou quando o emprego em que você depositou tantas esperanças, aquele em que embarcou de roupa nova e pasta reluzente, cheio de sonhos, mostrou-se tão chato a ponto de você dormir na mesa. Ou, então, é um daqueles purgatórios, com um chefe que faz seus olhos revirarem, seu rosto se contorcer e suas mãos tremerem.

Talvez tudo pareça claro e a estrada em que você viaja seja recém-pavimentada, com placas bem cuidadas. Mas um dia você cai em um buraco ou erra uma saída e se vê perdido. Há uma bifurcação logo adiante e será preciso escolher. E se fizer a escolha errada? E se, ao chegar ao fim da estrada, você se sentir tentado a voltar? É nessa hora que você precisa seguir um novo caminho.

É importante ouvir os sons de sua própria alma. Bem lá no fundo você sabe por que está aqui, o que está destinado a fazer, o que está destinado a ser. É quando você ouve a mais clara e profunda verdade, longe da confusão, da estática e do barulho do mundo. É o lugar onde você ouve Deus conversar com você, caso esteja disposto a ouvi-lo. A jornada para sua alma é a única que interessa. E nessa viagem você precisa ir sozinho.

Você pode analisar currículos de faculdades para descobrir o que fazer da vida, perguntar aos amigos para saber o que eles vão fazer, pedir um conselho para seus pais ou professores, preencher infinitos formulários de emprego ou ingressar no Exército, na Marinha, na Força Aérea ou nos Corpos de Fuzileiros Navais.

Mas para onde Deus o está chamando?

Deus decretou um lugar especial para você neste mundo que ninguém mais pode ocupar. Cabe a você encontrá-lo. No entanto, não é obrigatório ir a esse lugar, você é um convidado. Para confirmar sua presença, basta viajar por dentro de sua própria alma e deixar de lado o que seus pais querem que você seja, o que os professores disseram que você deveria fazer e o que seus amigos decidiram ser. Siga adiante sem os desejos das outras pessoas. Abandone as expectativas do mundo. Não se aproprie do sonho dos outros.

Pare, fique em silêncio e ouça. Você vai ouvir o que alguns chamam de a voz baixa e constante de Deus e o que outros chamam de intuição. Depois, alimente a paixão que existe dentro de você, seja ela uma centelha vacilante ou uma chama que o consome.

Nem sempre será fácil. Você pode se sentir tentado a aceitar menos e a se preocupar com a competição. Contudo, nenhuma pessoa vai ser chamada para ocupar o lugar que Deus reservou só para você. Ninguém mais pode levar a esse lugar suas experiências de vida, talentos, forças, fraquezas, desejos e sonhos. Seu lugar na vida pertence única e exclusivamente a você.

Se sua ambição for ser alguém, você não vai conseguir. O mundo está cheio de gente assim. O mundo precisa de você.

O caminho que você cria pode não fazer sentido para mais ninguém no mundo além de você mesmo. Nem precisa fazer. Ele pertence somente a você.

Comece, então, a caminhar.

LIÇÃO
33
Detenha as rédeas do poder da esperança

Toda primavera recebo uma ligação de meu amigo Kevin perguntando sobre a mensagem de Páscoa que irei compartilhar em minha coluna no jornal.

Eu, por minha vez, pergunto como será seu sermão, já que ele é um padre católico. Debatemos ideias, desviamos para outros assuntos e desligamos o telefone sem ter resolvido a questão principal. Em geral, descobrimos depois que acabamos transmitindo a mesma mensagem.

Certa vez, Kevin me perguntou: "O que dá esperança a você?". Eu não sabia responder. Ou, talvez, tivesse demasiadas respostas para me decidir por somente uma.

O que me dá esperança?

O primeiro açafrão que sai da terra. Violetas germinando. O cheiro dos jacintos. Um ninho de pássaros cheio de ovos azuis. Avistar uma borboleta pela primeira vez. Duplos arcos-íris.

Mulheres grávidas, noivas felizes. Observar os dedinhos de um recém-nascido se moverem em câmera lenta. Cardumes de peixes-dourados nadando sob o gelo de um riacho congelado.

Poemas de Billy Collins, Adrienne Rich e Gerard Manley Hopkins. Hinos religiosos, como "Amazing Grace", "Be Not Afraid", "How Great Thou Art".

Uma flor que rompe o concreto para encontrar o sol. A última folha que se recusa a cair no outono. Trevos de quatro folhas.

Os céus azuis de Van Gogh e as dançarinas de saias de pluma de Degas.

Novas partituras de música. Cédulas de votação. A bondade de um estranho.

Monges de todo o mundo que rezam diariamente pela paz. As escrituras que dizem "não se perturbe o vosso coração", em João 14:1, e prometem em Isaías 25:8: "Aniquilará a morte para sempre; e assim enxugará o Senhor Deus as lágrimas de todos os rostos".

Todo amanhecer quando atravessa a escuridão.

As lições de vida de Max Cleland, Stephen Hawking, Rosa Parks, Anne Frank, Helen Keller, Beethoven e o senhor Rogers.

O filme *Um sonho de liberdade*.

Moedas nas fontes. Desejos de aniversário. Vestidos de primeira comunhão. O primeiro dia de um torneio de Grand Slam.

Potros recém-nascidos. Uma padaria cheia de bolos de casamento. Narcisos que nascem em meio ao nada. Estudantes que se formam em jornalismo.

Doadores de órgãos, como a filha de minha prima, que deu visão a duas pessoas, e como a pessoa que ofereceu para minha amiga Beth o rim que salvaria sua vida.

A freira que disse: "Tentei tanto ser boa. Mas Deus não precisava de minha bondade. Ele queria meu amor".

Um alcoólatra em recuperação dizendo a outro: "Acho que Deus está perambulando dentro de você".

A decolagem de um avião. Velas de aniversário pouco antes de serem apagadas por um desejo. Todas as festas de casamento, especialmente no momento em que as noivas posam para fotos ao lado das fontes do Museu de Arte de Cleveland.

Uma página em branco de um diário.

A palavra *dayenu* repetida diversas vezes durante a Páscoa judaica para admitir que apenas ser libertado da escravidão "teria sido suficiente". A travessia do mar. A busca por terra seca. Comer em plena natureza.

Minha amiga Debbie, que, mesmo com deficiência auditiva, entende o que eu digo lendo meus lábios, inclusive quando eu falo rápido demais.

As mensagens nas marquises de igrejas, com dizeres do tipo "a oração é seu guia ou seu freio de emergência".

Um pântano cheio de pardais enlameados. Aquele pôr do sol único que melhora um dia ruim.

As palavras do livro *Cry, The Beloved Country*, de Alan Paton, que descreve o amor como a única coisa plenipotente.

Novos eleitores. Uma criança voltando da biblioteca com uma sacola cheia de livros. Passear de carro perto de uma fazenda que ainda tenha vacas pastando.

O salmo 43:3-4: "Envia a tua luz e a tua verdade, para que me guiem e me levem ao teu santo monte, e aos teus tabernáculos. Então, irei ao altar de Deus, que é a minha grande alegria".

Os mártires da capela do Retiro Jesuíta de Parma.

Meu sobrinho quando disse, no caminho de volta da faculdade, que ele não estava maior do que na última vez que eu o vira, só havia deixado de ser tão desengonçado.

O cheiro da cabeça de um bebê quando chove.

Músicas country que dizem coisas como "ame como se nunca tivesse sentido medo de ficar sozinha". Ursulina, aluna de redação da faculdade que me explicou: "uma caneta não tem nada a temer, mas a voz, sim".

O salmo 30:11: "Tornaste o meu pranto em folguedo; desataste o meu pano de saco, e me cingiste de alegria".

As escritoras Kathleen Norris, Joan Chittister e Annie Dillard. Os alunos de piano de Paul Schenly no Instituto Musical de Cleveland.

Árvores frondosas e cheias de folhas.

Freiras carmelitas cantando com o coração na manhã de Páscoa.

O bebê na manjedoura. A tumba vazia.

Cadeira cativa apenas na Missa de Páscoa. Açafrões roxos desabrochando em meio a neve.

Fazendeiros, artistas e poetas. A luz da alvorada e do crepúsculo. Observar o sol atingir a grama e saber que Deus está de olho em mim.

As histórias contadas nos mosaicos das janelas.

Uma criança com um maço de grama recém-colhido como se fosse um buquê de rosas.

Um estranho dizer "Saúde" quando você espirra.

Uma criança quando pergunta "por que" pela centésima vez em cinco minutos.

Uma moradora de asilo que não consegue se lembrar do nome de nenhum membro de sua família, mas sabe de cor a Oração do Senhor.

Bombeiros e policiais que arriscam a própria vida por desconhecidos.

Um adolescente de cabelo roxo e piercings pelo corpo mantendo a porta aberta para a passagem de uma mulher com um carrinho de bebê.

Sobreviventes de câncer e seus novos cabelos. Pais adotivos.

Uma criança de um ano aprendendo a andar. Uma pessoa que sofreu um derrame reaprendendo a andar. Freiras que ainda usam hábito.

Anúncios de nascimento. Bodas de ouro.

Pessoas que querem compartilhar o que lhes dá esperança, como a professora Meryl Johnson, de Cleveland. Eis o que ela ouviu quando perguntou a seus alunos de nono ano, na escola Charles W. Elliot, o que os faz sentir esperança:

> Quando minha avó passou três dias no hospital e voltou para casa sorridente, querendo jogar uma partida de pôquer. – Drielle
>
> Andar pelo meu bairro e saber que não há gangues perambulando por ele. – Curtis
>
> Acordar de manhã e sentir o cheiro do sabonete Dove no meu rosto. – Mike
>
> Jogar basquete e conduzir a bola com confiança. – Robert

Ouvir as crianças rirem enquanto correm pelo parque. – Jarrold

O cheiro dos hambúrgueres e das batatas do McDonald's na mesa da cozinha quando minha mãe resolve não cozinhar. – Demetrius

Sentar em meu quarto e ler *Forged By Fire*. – Timothy

Os braços fortes do meu pai em volta de mim quando preciso de um ombro para chorar. – Britnee

Ver a lua brilhando no canto da minha janela todas as noites. – Lavelle

O cheiro dominical de repolho, macarrão, queijo, molho, salada de batata, presunto, inhame e torta de batata-doce na casa da minha avó. – Shameka

Ouvir a voz grossa do meu pai. – Rashida

Colocar a chave na porta e entrar em minha linda casa. – Jasmine

Ter água quente e fria para usar todo dia. – Katrina

Saber que tudo ficará bem se eu deixar nas mãos de Deus. – Kiara

A risada alta do meu irmão recém-nascido. – Brenton

O cheiro doce da minha casa. – Antonio

Ver minha avó trabalhando em sua horta sem os analgésicos. – Chaz

Acordar de manhã e sentir o cheiro das coisas que minha mãe faz na cozinha. – Paul

Não ser assaltado enquanto volto para casa a pé no sábado à noite. – Delonte

Rezar a Deus, agradecendo a Ele por ter me acordado todos os dias nos últimos 13 anos. – Keyauna

Os amáveis poemas e as histórias de Maya Angelou, que me fazem ser feliz pelo que sou, independentemente do que as outras pessoas digam. – Nichole

Eu acrescentaria: "Ter professoras como Meryl Johnson, que proporcionam a todos nós motivos para ter esperança".

O que lhe dá esperança? Analise sua vida e você vai descobrir que a resposta está por toda a parte.

LIÇÃO 34

Controle bem suas palavras e pratique a contenção da língua e da caneta

Antes de dizer alguma coisa sobre outra pessoa, faça a si mesmo três perguntas:

É gentil?

É verdade?

É necessário?

A resposta a essas três perguntas teria boa serventia como uma silenciosa conversa íntima para a maioria das pessoas, inclusive para mim.

Um tempo atrás, houve uma campanha nacional de serviço público contra a fofoca, com anúncios estrelados por Tom Cruise, Goldie Hawn e Bette Midler.

Em Ohio, um rabino local criou a campanha "Palavras Podem Curar". O intuito era fazer com que as pessoas evitassem o *loshon hora*, termo em hebraico para "palavras negativas". A campanha se espalhou por todo o país. O rabino Chaim Feld designa a fofoca como o passatempo predileto dos norte-americanos. Ele quer pôr um fim à violência verbal.

O rabino considera *loshon hora* "qualquer forma de expressão verbal, inclusive a fofoca, que possa causar agravos – angústia mental, perda financeira, dor física, dano à reputação ou ataque à autoestima de uma pessoa aos olhos das outras".

Seus esforços ganharam repercussão rapidamente. Ficaram famosos os adesivos nos carros dizendo: "COLOQUE UM FREIO NA LOSHON HORA". Um dia eu estava em uma lanchonete quando três pessoas entraram, sentaram-se numa mesa perto de mim e começaram a conversar. A mulher começou a criticar alguém que não estava presente, então o homem de frente para ela segurou suas mãos para pará-la e disse: "Você não deveria estar falando assim. Ela não está aqui para se defender".

A mulher retrucou: "Mas é verdade".

O homem sacudiu a cabeça: "Mas não é certo. Isso é *lona haran*, aquela coisa hebraica. Não deveríamos agir assim".

A mulher continuou, o homem sacudiu a cabeça de novo e afastou sua cadeira.

Recentemente, uma amiga começou a contar uma fofoca e parou no meio da frase: "Não, estou tentando fazer aquele lance do *losher hora*. Nossa, como isso é difícil".

O certo é *loshon hora*, e tenho lutado a vida inteira contra isso. Você não tem ideia do quanto me contenho para não contar a ninguém de uma colega que foi vista saindo de uma casa de shows de striptease. Não contei nada a ninguém. Ainda.

Feld diz que a maioria das pessoas fofoca para criar vínculos, para mostrar sagacidade, para acobertar a falta de habilidade com o diálogo, para se vingar ou impressionar os outros. Se essa campanha faz sucesso, a fofoca pode se tornar tão socialmente inaceitável quanto fumar. Mas espere resistência. Muitas pessoas se ofendem quando você diz que não quer ouvir uma fofoca.

Elas acham que não existe problema em compartilhar, desde que seja verdadeiro ou engraçado.

O rabino deseja que elevemos nosso padrão de vida. Seu livro *Words Can Heal* oferece as seguintes dicas:

Quando uma piada for ofensiva, não a repita, e tente não rir. Quando sentir vontade de fofocar, morda a língua, mude de assunto ou saia de onde estiver. Quando pensar em fazer piadas, reflita à custa de quem as está fazendo. Quando alguém perguntar: "você soube de fulano e sicrano?", responda "não, e provavelmente é melhor não saber". Não repita nada que você não assine embaixo.

E, se isso não for suficiente, pense no seguinte ditado espanhol: "Quem faz fofoca para você faz fofoca sobre você". Isso é assustador.

Você nunca percebe quanto é fofoqueiro até tentar parar. Primeiro, você se repreende quando faz um comentário crítico sobre uma pessoa de quem você gosta de verdade. Depois, para de espalhar fofocas sobre pessoas de quem não gosta. Por fim, sente-se desconfortável sempre que alguém começa a fazer fofoca sobre outras pessoas.

É como parar de fumar. Pessoas que costumavam fumar um maço por dia abandonam o hábito e depois ficam irritadas sempre que sentem o cheiro do cigarro de outra pessoa.

Fofocar é um hábito difícil de ser abandonado. Colocar alguém para baixo o coloca para cima – durante aproximadamente cinco segundos.

Tente parar. Imponho a mim mesma uma dieta livre de fofoca. Se você imagina que parar de fumar é difícil, tente parar de fazer fofoca. Você não tem ideia do quanto é viciado até tentar se abster. É mais difícil perder cinco pensamentos negativos do que perder cinco quilos.

No fim da primeira semana eu não obtive sucesso nenhum. Sentia necessidade de contar a uma amiga o que eu pensava sobre como uma mulher estava criando seus filhos. Não pude deixar de comentar sobre uma mulher que mais parecia uma árvore de Natal usando aquele suéter gigante, brilhante e multicolorido.

Bem que o rabino Feld podia criar um adesivo que pudéssemos usar e que nos enviaria palavras positivas pela corrente sanguínea diretamente para o cérebro. Pensei em colocar um elástico no pulso e me machucar com ele sempre que eu me flagrasse dizendo que um cara parece um idiota, penteando aquele chumaço de cabelo na cabeça quase toda careca. Esqueça o elástico. Arrancaria minha mão em uma fração de segundos.

Talvez eu seja uma crítica inata. Em uma família grande, só os mais espertos sobrevivem. Você precisa desenvolver um talento à humilhação para sobreviver a irmãos mais velhos que a provocam o tempo inteiro, dizendo que você não faz parte da família, e para deixar os menores de lado, porque se você não for grosseira com eles, vão passar o dia inteiro a seguindo.

Meu pai fazia tudo o que estava a seu alcance para desencorajar as palavras indelicadas. O único aparelho de telefone em casa – e nós éramos em 11 filhos – ficava grudado ao lado de sua cadeira na sala de jantar. Toda vez que ele percebia que eu não queria atender alguém mais popular (que poderia ser qualquer pessoa na época do ensino médio), ele me repreendia: "Isso não é muito gentil". E dizia isso alto o bastante para a pessoa no outro lado da linha escutar. Ou, então, ele comentaria algo pior: "Você repetiria isso se ela estivesse aqui?".

Mamãe também não ajudava muito. Ela nos repreendia assim: "Se você não puder dizer nada de bom sobre alguém, simplesmente não diga nada". Caramba, mãe! Se todo mundo fosse aderir a essa filosofia, seríamos tão silenciosos quanto monges.

Não sou a única. Admita. Você não gosta nem um pouco de fofocas? É um dos pecados mais prazerosos da vida.

Em minha defesa, não sou ruim como muita gente que começa cada comentário com "eu não sei se isso é verdade, mas...". Ao menos tenho meus critérios. A fofoca precisa ser verdadeira antes de eu passá-la adiante. Tenho uma reputação a zelar. Quem quer ouvir fofocas que não procedam?

Esse era meu baixo padrão antes de o bom rabino me estimular o pensamento, aquele que é saudável para você, como couve, mas não tão saboroso. Ele me orientou a fazer aquelas três perguntas antes de abrir a matraca. A maioria do que eu digo não passa pela segunda pergunta.

Não sei se posso me abster para sempre, mas diminuí bastante. Na segunda semana de minha dieta mental, eu continuava com pensamentos críticos, mas desenvolvi uma tecla EDITAR. Em vez de cada pensamento sair de minha cabeça como se fosse uma bola de chiclete, havia uma pausa momentânea, quando minha consciência aparecia e aconselhava: "Não siga por aí".

Na terceira semana, pensamentos positivos inundavam meu cérebro. Apenas dois de cada cinco pensamentos negativos chegavam a minha boca.

A dieta não tem sido perfeita, mas eu me sinto mais leve.

LIÇÃO 35

Aconteça o que acontecer, não leve para o lado pessoal; leve para o lado espiritual

Minha amiga Veronica me ligou um dia e disse que me enviaria por fax um artigo com 27 maneiras de se levar uma vida espiritual. Enquanto aguardava a chegada do fax, fiquei pensando sobre o que haveria nessa lista. Provavelmente, muitas coisas antigas, como rezar o rosário, ler a Bíblia, orar, ir ao templo, doar dinheiro a ações de caridade, consultar de tempos em tempos um guia espiritual.

Ou, talvez, fosse algo um pouco mais a fundo no caminho místico, sugerindo acordar ao amanhecer para pronunciar salmos, ler algo intenso escrito por Thomas Merton, Martin Buber ou Rumi, escutar cantos gregorianos ou fazer um retiro espiritual de 30 dias.

Quando a lista terminou de ser transmitida, tive de checar o número de envio duas vezes para ter certeza de que havia recebido o fax correto. Nenhuma de minhas ideias fazia parte do artigo intitulado "27 Maneiras de Viver Diariamente Uma Vida

Espiritual", divulgado na revista *Utne Reader*. A lista fora criada com base em uma publicação chamada *Values & Visions* e consistia em trechos de diversos livros.

Ela sugeria as coisas mais básicas, por exemplo, acordar. Isso não é uma dádiva? Ah, mas existe uma diferença entre acordar e despertar. Despertar é quando você acorda de repente e resmunga "meu Deus, já amanheceu". Acordar é dar boas-vindas ao dia com uma celebração: "Bom dia, meu Deus". Eu me lembro disso quando me sinto tentada a desligar a soneca do despertador pela terceira vez.

Outra dica é brincar com um cachorro. Cães são mestres zen, sabem quando é hora de comer, dormir, caçar e relaxar. Outra ideia é atender a porta. Parece simples, mas quantas vezes muitos de nós evitamos fazê-lo quando aparece um estranho pedindo nossa assinatura em um abaixo-assinado, uma doação ou um panfleto guiando nosso caminho até Deus. Receba o estranho que tocou a campainha como se ele fosse um convidado. Um monge me disse em certa ocasião que, se você estiver rezando e ouvir uma batida na porta, vá atender e faça daquilo sua oração. Isso parece legal na teoria, mas quando estou rezando e alguém bate à porta do meu quarto para interromper, sinto dificuldade em ouvir Deus nessa batida.

Outra dica é jogar o lixo fora. Você consegue identificar o lixo até mesmo em uma luz espiritual. O cheiro de uma rosa nova e o fedor de um brócolis estragado proporcionam extremos opostos da vida. O que nós amamos em vida morre e se transforma em lixo, o qual, então, alimenta outra coisa que ganha vida.

Toda experiência, não importa quão mundana ou pequena, contém uma lição, um dom, uma bênção, mas somente se a levarmos para o lado espiritual, em vez do pessoal. Não importa se é uma demissão, um divórcio, uma multa por excesso de velocidade ou um susto em relação à saúde. Pergunte a si mesmo: "Qual é a lição a ser aprendida com essa experiência?". Aprenda, pratique, seja grato e siga em frente. Certa vez ouvi um homem na recuperação contar como ele havia se tornado um sem-teto e morador de um abrigo. Então, ele ouviu outro homem mais velho reclamar que tinha dinheiro, mas fora para o abrigo porque sua esposa, seus filhos e seu chefe o estavam deixando maluco. "As coisas pelas quais você não quer ser incomodado são as que eu estou procurando", disse o sem-teto ao homem.

É possível levar até mesmo os aborrecimentos para o lado espiritual. Um dia eu estava com minha blusa favorita enrolada no braço enquanto fazia compras na Macy's. O ar-condicionado em algumas lojas é tão gelado que eu a levei para o caso de sentir frio. Comprei um novo edredom e lençóis para a cama e fui guardá-los no carro para não ter de ficar carregando durante as compras. De repente, uma voz dentro de mim sussurrou para que eu também guardasse a blusa no carro. Não dei ouvidos e voltei ao shopping, onde permaneci por cerca de uma hora. Quando decidi ir embora, percebi que minha blusa havia escorregado de meu braço. Havia perdido minha blusa predileta dentro de uma loja de roupas. Não havia meios de encontrá-la. Fiquei de cara feia por cerca de uma hora antes de me perguntar: "Qual é a lição que se tira disso?". Uma lição poderosa: ouça sua intuição. Perder minha blusa pode ter me impedido de perder algo muito mais importante.

Muitas vezes, tentamos encontrar Deus fugindo de nossa vida normal, ordinária e cotidiana, em outras palavras, fazendo o que consideramos espiritual. Ir à igreja, ao templo ou à mesquita; orar e meditar; ler a Torá, a Bíblia, o Alcorão ou o Bhagavad Gita.

E se fôssemos capazes de encontrar o lado espiritual em todos os desafios e em todas as pessoas desafiadoras?

Seria uma boa vida.

Minha amiga Ro Eugene vivia assim. Ela sempre buscava uma vista panorâmica. Possuía um jeito misterioso de olhar a vista e encontrar Deus escondido no cenário. Era capaz de encontrar Deus em qualquer acontecimento, envolvendo-se com o lado bom da situação. Muita gente leva o coração no peito; Ro levava o dela no carro. Dirigia por aí com a placa: AMOVOCÊS.

E ela amava de verdade. Ro amava todo mundo, até mesmo as pessoas de quem nem sempre gostava.

Aqueles que a conheciam falavam sobre a ocasião em que seus dois filhos mais velhos voltaram da escola após apanharem de outros dois meninos. Ro saiu como uma bala.

A maioria de nós teria gritado com os meninos ou com os pais ou, então, chamado a polícia. Ro agiu diferente. Colocou em prática instantaneamente a segunda parte da Oração da Serenidade e reuniu coragem para mudar as coisas de que era capaz. Junto do marido e dos filhos, ela foi visitar a casa dos meninos envolvidos. As duas famílias chegaram a um acordo, cantando canções e criando uma paz que se disseminou pela comunidade.

Ro acreditava que todos somos seres espirituais vivenciando experiências humanas, que estamos na Terra para aprender a amar e a levar a vida espiritualmente, e não pessoalmente.

Nós a perdemos logo que completou 79 anos. Após cumprir sua missão, li no obituário que Roslyn Eugene havia fundado uma escola montessoriana, onde lecionou até os 70 anos.

Ela nunca parou de ensinar, pois acreditava que cada um de nós carrega consigo uma fagulha de divindade – como o grand finale de um show de fogos de artifício. Ela era uma super-heroína espiritual, como se caminhasse através das paredes. Uma vez, Ro estava andando por sua cozinha no escuro e esbarrou a perna na porta da máquina de lavar pratos, que havia esquecido entreaberta. Em vez de xingar, agradeceu a Deus por não ter batido com mais força.

Quando o câncer veio, ela deu tudo de si. Quando a quimioterapia levou seu cabelo, ela passou a usar uma faixa elástica com um arco em torno de sua cabeça, parecido com aqueles que os pais prendem na cabeça de um bebê para deixar claro que se trata de uma menina.

Enquanto envelhecia, Ro apenas rejuvenesceu. Ela temia que o câncer destruísse a "Vida Curiosa de Ro Eugene", mas não foi o que aconteceu. Ela estava melhorando no dia em que seu coração parou. Ninguém devia ter ficado surpreso com o fato de Ro ter o coração dentro do peito, mas assim o foi.

Uma faixa pendurada na frente da Igreja de Santa Cecília proclamava AMOVOCÊS. Depois de termos preparado a comida do velório, paramos para rezar em um círculo antes de a multidão aparecer.

Uma mulher dizia que Ro a ensinara: "Não tem problema ser difícil. Você pode fazer coisas difíceis". Outra disse: "Nunca era 'vai ficar tudo bem'. Era sempre 'tudo está bem' ". Compartilhei meu Roísmo favorito: "Não é impossível. É só a vida".

Ouvi uma que não conhecia: "Se tiver de ser diferente, teria sido". Então, começamos a rir. Impossível chorar por uma mulher que ensina algo como "Tudo está bem. Neste segundo, tudo está perfeito".

Estava. E está.

LIÇÃO 36

O mundo precisa do seu "sim"!

Eu estava sendo assombrada por um peso de papel. Mas não se tratava de um peso de papel qualquer.

O peso de papel em questão falou comigo na saída de uma loja em Ann Arbor, Michigan. Eu não tinha certeza se ele estava à venda ou se estava ali apenas para transmitir uma mensagem aos compradores, como o pensamento do dia levado a você pela gerência da loja.

A mensagem gravada na placa provocava: "O que você tentaria fazer se soubesse que não teria como falhar?".

Tentei ignorar, mas o pequeno peso prateado sussurrou para mim: "O que você tentaria fazer se soubesse que não teria como falhar?". Tudo bem, as palavras estavam realmente gravadas, mas eu juro que ouvi o objeto falar. Olhei para o outro lado, então o peso de papel puxou meu braço. Virei as costas e ele começou a gritar comigo.

Peguei o peso de papel e o segurei em minhas mãos esperando por sua resposta, como se fosse uma Bola Mágica, mas não ouvi nada. Quando verifiquei o preço, coloquei-o de volta. Custava 29 dólares. Demasiado dinheiro para gastar comigo mesma. E, se o comprasse para outra pessoa, eu me sentiria tentada a ficar com ele.

Não o comprei, mas ele me seguiu até em casa, como uma música que fica em sua cabeça e não quer ir embora.

O que você tentaria fazer se soubesse que não teria como falhar?

O que eu faria?

Escreveria um livro, uma peça, ou alguns contos baseados nas muitas ideias que eu tinha e deixava de lado.

Cantaria em um musical ou entraria para um coro sem me preocupar com afinação. Faria uma dança típica com um par de escandalosas botas vermelhas de caubói, se tivesse certeza de que não acabaria machucando a pessoa ao meu lado.

Faria aulas de piano e tocaria um piano de cauda diante de um grande público. Entraria em uma aula de desenho ou aprenderia a pintar. Todos os anos compro aquarelas e palhetas, mas nunca pego um pincel.

Ainda não descobri a coisa enorme que está berrando para sair de dentro de mim, mas todo mundo para quem pergunto sabe o que é em relação a si mesmo. Quando fiz essa pergunta às mulheres no salão de beleza, elas levaram apenas alguns segundos para responder.

A dona disse que queria cursar medicina. Uma cabeleireira disse que daria um soco em todos os homens solteiros. Outra disse que queria casar e ter filhos, pois seu maior medo era não conseguir ser mãe. Uma cliente que esperava para cortar o cabelo respondeu: “eu abriria meu próprio negócio”. Outra cabeleireira disse: “queria começar a dançar”.

Vá em frente. Faça a pergunta. Você se surpreenderá com as respostas. Algumas pessoas respondem que pediriam um aumento, comprariam um bilhete de loteria, pediriam Jeniffer Lopez ou Brad Pitt em casamento. Um homem, apresentador de rádio de sucesso, me deixou surpresa com sua resposta. "Eu seria um pianista de concertos."

Havia algo mágico naquele peso de papel. Então, telefonei para a loja e perguntei se ele continuava lá. Isso já havia acontecido em outras ocasiões. Todo mundo tinha a mesma reação. A subgerente da loja contou que todos entravam para ler o peso de papel e saiam falando sobre planos esquecidos que pretendiam colocar em andamento.

Perguntei a um grupo de amigas o que elas fariam. Reunidas ao redor de uma mesa de jantar em dezembro, anotamos nossas respostas e as guardamos dentro de envelopes que seriam abertos um ano depois. Todas pretendíamos dar um passo gigantesco ou vários pequenos passos em direção a nossos sonhos.

Uma amiga queria partir para uma missão na África e "se apaixonar". Ela não estava pronta para amar, mas estava avançando em relação a isso. Outra desejava pedir promoção no trabalho e conhecer os Corpos de Paz. Uma queria um novo emprego e, imediatamente, começou a procurar.

Quase todos os anos, desde então, nós nos reunimos em dezembro, quando um ano está para terminar e outro já pode ser vislumbrado, e discutimos essa questão ou alguma que dela decorra.

O que faríamos se não sentíssemos tanto medo?

Então, abrimos os envelopes selados e descobrimos quanto a vida nos surpreendeu. No primeiro ano, as cartas se pareciam mais com listas de tarefas a serem cumpridas ao longo do ano seguinte, com coisas como aprender outro idioma, viajar a outro país e escrever um romance, uma peça de teatro ou poesias.

Listamos pequenos passos e grandes sonhos. Uma mulher queria obter um doutorado. Outras pessoas queriam novos empregos, novos namorados ou novas aventuras. No ano seguinte fomos mais a fundo. Mulheres escreveram que queriam ter filhos, se apaixonar, tornar-se mais saudáveis, mais próximas de Deus, se sentir menos estressadas, amar com mais liberdade.

Registrar por escrito seus desejos e suas expectativas ajuda a transformá-los em realidade. Fizemos disso uma tradição incomum. E é fácil. Reúna um grupo de amigos ou familiares. Distribua pedaços de papel em branco. Feche os olhos e sonhe grande. Depois transcreva ao papel.

É melhor do que tomar resoluções de Ano-Novo. Nós sempre circulamos e compartilhamos o que escrevemos ou, então, guardamos, caso seja algo muito particular.

Tentamos começar com um objetivo em mente e nos perguntamos: daqui a um ano, quando eu reabrir esta carta, quem eu vou querer ser? Não em termos de renda, status ou peso na balança, mas em termos realmente importantes. Você coloca o nome e a data no envelope, em seguida, embala-o com enfeites, prega-o no mês de dezembro do novo calendário ou guarda-o em algum lugar onde você o ouvirá sussurrando.

Guardo meu envelope em uma caixa de cerâmica que minha amiga Vicki me deu de presente. Ela fica na sala onde paro para meditar. Faço uma oração pelas cartas e pelas minhas amigas. É sempre surpreendente ler o que escrevi um ano antes. Eis o que já registrei:

Amar a vida incondicionalmente. (Tudo bem, pois amei a maior parte dela.)

Perdoar a tudo e a todos. (Na maioria dos casos.)

Render-me diariamente à vontade de Deus. (Na maior parte dos dias.)

Não ficar com medo. (Na maioria dos casos.)

Medir meu sucesso ao fim de cada dia, perguntando-me o seguinte: Você amou hoje? (Progredi.)

Fazer uma longa caminhada uma vez por semana. (Não. Mas minha amiga Mena disse: "Se você não fez isso em um ano, talvez não seja algo que realmente queira". Bem argumentado.)

Amar mais minha mãe. (Sim.)

Deixar de permitir que o trabalho defina quem sou. (Sim.)

Deixar de permitir que a culpa me motive. (Sim.)

Parar de julgar as outras pessoas. (Ooops.)

Depois de ler essa longa lista, escrevi uma simples palavra no cartão para o ano seguinte: Acreditar.

Acredito que eu já a esteja sentindo funcionar.

Já me sinto dizendo "sim" para a vida.

Se você quer andar pelo mundo como se fosse um ponto de exclamação humano, comece a dizer "sim" para a vida.

Muitas vezes, precisamos de uma tragédia, do resultado de um exame ou de um funeral para começarmos a viver. Não é preciso esperar até a chegada do Ano-Novo para ficar com a ficha limpa. Não é preciso esperar o resultado positivo de um exame para começar a viver a vida e sua plenitude.

Muitas vezes nós tentamos melhorar a vida dizendo "não", adiando alguma coisa por meses ou até mesmo para sempre. Prometemos parar de fumar, de xingar, de beber ou de comer demais.

Por que não praticar dizendo "sim"?

O que eu quero dizer com isso? Quero dizer a você que receba cada novo dia de braços abertos. E, ao término de cada dia, olhe as estrelas ou abra a janela e faça um brinde à noite, ou observe seus filhos ou seu marido ou sua esposa enquanto dormem e repouse na quietude ao redor. E, enquanto você absorve o silêncio, ouça o que Deus está lhe pedindo, e então responda sim.

Para abandonar alguém que o machuca.

Para ficar com alguém que o ama.

Para perdoar a pessoa que mais o magoou.

Para se aceitar como você é.

Para criar a coisa que você mais tem medo de criar.

Para ficar feliz com as coisas do jeito que são.

Para esperar que o melhor ainda está por vir.

Para levar a vida menos a sério.

Para todos os mistérios, as maravilhas, as incertezas e a alegria que este mundo tem a oferecer.

LIÇÃO

37

Potencialize seu poder unindo forças

Se eu simplesmente pudesse... Se eu simplesmente tivesse... Se alguém simplesmente tivesse...

É fácil sentir-se impotente diante das injustiças, dos desastres, das doenças e das calamidades. Até mesmo as pequenas coisas que machucam as pessoas são capazes de me fazer sentir sobrecarregada e estressada com a culpa por não ter feito mais para ajudar os outros.

Às vezes, é difícil saber por onde começar. Preciso lembrar a mim mesma que, talvez, eu não tenha poder para fazer diferença no mundo, mas eu tenho poder para fazer um mundo de diferença no pequeno espaço em que vivo e trabalho. Preciso apenas recorrer ao poder que tenho. E, se isso não for suficiente, posso combiná-lo com o poder dos outros e fazer coisas impressionantes acontecerem.

Um dia, uma mulher entrou em contato comigo no jornal em que eu trabalhava e me pediu que a ajudasse a recrutar cem mulheres para arrecadar 10 mil dólares em uma hora, em benefício de uma entidade local de caridade.

O quê? Aquela ideia me deixou boquiaberta.

Johanna Frebes tem três filhos, um de 11, um de 15 e outro de 18 anos. Ela mora em Cleveland e trabalha em um banco. Nunca dispõe de tempo para fazer trabalho voluntário, e não é a única pessoa nessa situação. Os seres humanos são empurrados cada vez mais, de uma centena de maneiras diferentes, a assumir mais compromissos em casa e no trabalho. Desse modo, não conseguem fazer trabalho voluntário como antes. Eles não têm tempo nem espaço na agenda para passar duas horas por semana na igreja, na escola ou na comunidade.

"Sempre me sinto culpada por não poder fazer mais", disse ela. "Eu posso dispor de uma hora."

Com esse grupo, uma hora era tempo suficiente. Veja como funciona.

Cem mulheres reúnem-se durante uma hora. O grupo coloca um cronômetro marcando 60 minutos; assim as reuniões não ultrapassam o limite previsto. Todas as mulheres levam um talão de cheques e o nome da instituição que pretendem ajudar. Esses nomes estão depositados em uma cesta e três são escolhidos aleatoriamente. As três mulheres que sugeriram as instituições sorteadas fazem uma apresentação de cinco minutos para explicar a escolha. Depois, elas têm cinco minutos para responder a perguntas.

As participantes, então, votam para decidir qual instituição receberá todo o dinheiro. Uma vez escolhida a instituição, cada participante assina um cheque nominal de 100 dólares. Mesmo que você não tenha votado por aquela instituição, respeita a maioria e efetua a doação. E, quando não for possível comparecer à reunião trimestral, pode enviar seu cheque por intermédio de outra participante.

A mulher que sugeriu a instituição escolhida recolhe os 10 mil dólares ou mais em cheques e entrega o dinheiro diretamente para a entidade. Na reunião seguinte, ela diz como o montante foi usado e qual seu impacto.

É o jeito perfeito de doar para quem está ocupado demais e não encontra tempo para se voluntariar, para quem deseja que todo o dinheiro seja direcionado a uma entidade local e para quem espera participar de um grupo de pessoas generosas e conscientes, dispostas a fazer a diferença.

Também é uma grande maneira de aumentar o impacto e diminuir aborrecimentos. Nada de "o cheque está no correio". Nada de tesoureiro. Nada de guardião do dinheiro. Nada de orçamento operacional. Nada de planejamento de reuniões que se estendem por horas. Nada de passeatas, corridas, leilões, jantares e bingos. Apenas um encontro de uma hora, quatro vezes ao ano.

Johanna e sua amiga Kassy Wyman lançaram na internet a página "100 Mulheres Que Se Importam – Região Metropolitana de Cleveland", no endereço http://100womenwhocarecleveland.weebly.com. Em pouco tempo, Johanna já tomou conhecimento de outras cidades que iniciaram grupos similares. Em Dayton, o grupo arrecada cerca de 18 mil dólares por reunião. O dinheiro foi usado para renovar o laboratório de informática do Clube de Meninos e Meninas, ajudar uma família de refugiados de Ruanda, levar veteranos da Segunda Guerra Mundial aos memoriais existentes em Washington e pagar tratamento dentário para que homens e mulheres sem-teto possam voltar a sorrir.

O círculo de doação 100 Mulheres Que Se Importam foi criado por Karen Dunigan em Jackson, Estado de Michigan. A primeira reunião, em 2006, resultou na arrecadação de 10 mil dólares para a compra de 300 berços destinados a recém-nascidos.

Algumas integrantes separam uma pequena quantia diariamente para chegar aos 100 dólares que serão doados. Outras envolvem a família inteira. Todo dia, alguém deposita um dólar no monte.

Nossa primeira reunião foi estimulante. Ficamos sem cadeiras suficientes para a multidão que se juntava no fundo do Brothers Lounge, um lugar estranho para uma reunião só de mulheres. Logo nos sentíamos como irmãs. Cada uma assinou um termo de compromisso e indicou a instituição de caridade candidata à doação.

Conheci mulheres que estavam lá para ajudar a Liga de Proteção dos Animais, a sociedade local de história, a rede de adoção, a entidade dos veteranos de guerra e uma organização que fornece uniformes aos alunos das escolas de Cleveland. Era interessante saber quais instituições falavam ao coração das outras mulheres presentes. Eu escolhi o Ponto de Encontro, que fornece serviços gratuitos a qualquer pessoa afetada pelo câncer.

As organizadoras apresentaram uma rápida mensagem de boas-vindas. Então, disparamos o cronômetro e saímos ao trabalho. A maravilha é que você entra, doa e retorna para casa em um intervalo de uma hora.

Colocamos os formulários com os dados de nossas instituições em uma cesta e três foram sorteadas: o programa de Fomento e Aspirações a Independência da YWCA, o Primeiro Taco de Cleveland e o Centro de Violência Doméstica.

Uma mulher fez um apelo pelo programa da YWCA, que ajuda meninas com idade para sair da casa de suas famílias adotivas e não têm para onde ir. Ao completar 18 anos, elas precisam sair da adoção com uma mochila na qual levam tudo o que possuem neste mundo. Muitas acabam virando sem-teto em menos de um ano. A YWCA estava construindo 22 apartamentos para elas. Se escolhêssemos essa entidade, o dinheiro iria para a compra de novos lençóis, equipamentos de cozinha e outros utensílios necessários para que cada menina pudesse recomeçar a vida.

O público fez um monte de perguntas sobre detalhes das acomodações, das meninas e de suas necessidades. Depois de cinco minutos de perguntas e respostas, o despertador tocou.

Outra mulher defendeu a escolha do Primeiro Taco, que ensina as crianças da cidade com idades entre 7 e 18 anos a viver dos ensinamentos contidos na prática do golfe: honestidade, integridade, espírito esportivo, respeito, confiança, responsabilidade, perseverança, cortesia e bom senso. O dinheiro arrecadado seria usado para ajudar em uma série de aspectos, inclusive programas de estudos e bolsas em faculdades.

A última mulher fez um apelo para que doássemos nosso dinheiro a um programa de violência doméstica voltado a pessoas de 60 anos ou mais, que sofrem agressões de seus cuidadores, cônjuges e até mesmo de seus filhos. "Existe uma crença de que é tarde demais para buscar ajuda", disse ela. O lema do grupo é: "Tornar o amanhã melhor do que o ontem".

Trim!

Hora de votar. Cada uma de nós escreveu o nome de uma das três entidades em um papel azul e jogou na cesta. Então, sacamos nosso talão de cheques. Como seria emocionante para a vencedora ter a possibilidade de ir até a instituição com um montante de 10 mil dólares!

Houve um empate. Não tínhamos certeza sobre como proceder. Algumas propuseram a divisão do dinheiro entre as duas entidades, outras preferiam tirar a sorte na moedinha. Enquanto tentávamos decidir o que fazer, uma mulher que havia ido até lá para observar a reunião preencheu um termo de compromisso e deu seu voto. Não havia mais empate. O programa da YWCA ganhou.

Na verdade, todas nós ganhamos.

Arrecadamos 10 mil dólares em uma hora. Cada uma usou seu poder e, combinando-o, o tornamos cem vezes mais forte.

LIÇÃO 38

Você é o professor mais importante de uma criança

Muita gente exerce forte pressão sobre as escolas, sobre os professores e sobre o sistema de educação pública para que sejam tudo aos alunos. O sistema educacional como um todo está de cabeça para baixo com os testes e as grandes expectativas depositadas sobre os outros. E quanto a nosso próprio papel como professores das crianças?

Quando ouço dizer que uma jovem pobre de Cleveland foi aceita em Harvard, tento imaginar como ela conseguiu isso. A maioria das crianças de baixa renda dessa cidade não chega nem mesmo a concluir o ensino médio.

A mãe de Kim, Maria Santana, me recebeu em sua casa. Ela era uma mãe solteira que vivia do sistema de bem-estar social. Morava perto de uma área de tráfico de drogas e rezava para manter os traficantes longe dela. O teto da cozinha era sustentado por faixas de fitas adesivas. Certa vez, quando foi dar um beijo de boa-noite em seus filhos, seu pé afundou em uma tábua apodrecida no chão.

Maria me mostrou a caixa de sapatos cheia de cartões de estudo que ela mesma escreveu e uma pilha de livros escolares que ela reuniu a partir de sobras. Também me contou que sempre se considerou a professora de Kim, e não apenas sua mãe.

"Foi assim que comecei", disse Maria em um inglês hesitante enquanto tirava livros escolares improvisados de dentro da velha caixa de sapatos. A capa roxa que ela fez para o livro *Meu abc* havia desbotado e agora era lilás. O *livro do tempo* ainda tinha os relógios que ela desenhara em um papel de anotações dobrado. *Meu livro de colorir* tinha uma maçã com a inscrição *rojo*, um balão no qual se lia *azul*. Maria, que é porto-riquenha, ensinou espanhol a seus filhos.

Ela fez pequenos calendários para ensinar números e datas a Kim e a Emanuel. Aplicava notas às lições que os mandava fazer quando ainda tinham dois, três ou quatro anos. No livro *Informações sobre mim*, que Kim escreveu aos quatro anos, ela diz: "quero ser médica quando crescer". Um ímã em forma de coração segurava a carta de aceitação em Harvard, bem ao lado de orações em espanhol para a família. "O Senhor é o Nosso Protetor." Como se Maria precisasse disso para se lembrar.

"Louvado seja Deus" era como uma espécie de vírgula durante nossa conversa. Se não fosse pelos dois filhos e pela fé em Deus, Maria se consideraria uma pessoa pobre. Como era possível que uma mãe solteira vivendo de vale-alimentação e bem-estar social tivesse uma filha a caminho de Harvard? Kim tinha acesso aos mesmos professores, aos mesmos livros e às mesmas aulas que outras crianças que ficaram pelo caminho. A diferença? Maria fez da maternidade sua prioridade. Não priorizou os encontros, as drogas, a ilusão nem a televisão. Ela não reclamava das escolas. Não sentia pena de si mesma.

Maria doou-se integralmente aos filhos. Ela os levava todas as semanas para passear, não no shopping, mas na biblioteca. Juntos, pegavam emprestados 20 livros por vez. Ela e as crianças os liam, depois a mãe fazia os filhos lerem para o bibliotecário. Maria tornou o aprendizado uma coisa divertida. Quando eles leram *Green Eggs and Ham* [Ovos verdes e presunto], ela tingiu os ovos de verde para eles comerem. Emanuel já havia lido 115 livros antes de entrar para o jardim de infância. Com três anos, já era capaz de ler a Bíblia, em espanhol. As crianças gostavam tanto de ler que, quando Kim aprontava alguma coisa, a mãe ameaçava tirar os livros dela.

A partir do momento em que o marido deficiente não pôde mais trabalhar, Maria ficou em casa para cuidar dele. Depois do divórcio, passou a ganhar 4,25 dólares por hora como balconista em uma loja de roupas baratas até que a poeira começou a afetar sua saúde. Ela comprava para seus filhos as melhores roupas que havia na loja. Em um verão, Kim ganhou mais dinheiro que a mãe. Quando quis dar o dinheiro para a mãe, Maria não aceitou. Guardou todas as restituições de impostos que pôde até juntar 7 mil dólares para dar entrada em uma casa. Maria nunca chegou a ir para a faculdade. Sempre economizou a partir dos empregos modestos que teve para pagar a casa de 15 mil dólares. Logo depois que as crianças obtiveram bolsas de estudo para a faculdade, elas arrumaram trabalho e insistiam em ajudar a mãe.

"Deus não acredita em acomodação", era um de seus ensinamentos. "Você faz sua parte, Deus faz a dele."

Depois de se divorciar do marido, ela tomou Deus como parceiro. Sua casa não se situa no melhor dos bairros. Ela chama seu lugar de "gueto". Certa vez, alguém invadiu sua casa, levando o rádio e a máquina fotográfica. Um traficante era seu vizinho de porta até Maria começar a rezar para que ele fosse embora. Ela grudava palavras inspiradoras por todas as paredes de seu pequeno lar: *A Dios sea la gloria*. Glória a Deus. Ela confiou até mesmo depois que um ladrão entrou pela porta da frente e quando outro veio pela janela dos fundos. Dormia com Kim para protegê-la. "Confio em Deus para tudo, em todos os momentos", disse-me Maria.

Na hora de dormir, rezava de joelhos pelos filhos, para que as aulas não fossem tão difíceis e para que eles fizessem bons amigos. Constantemente se sentava à mesa da cozinha para escrever a eles palavras de encorajamento. O bloco cor-de-rosa era de bilhetes para Kim; o azul, para Emanuel. Ela os aconselhava pelo telefone, dizendo para que estudassem, mas que também se divertissem.

Maria nunca enxergou a si mesma como uma mãe solteira. "Deus é quem manda nesta casa", disse ela. Maria instalou piso de linóleo no corredor. Decorou as paredes da sala de estar com fotografias de Kim e Emanuel e grudou uma colagem de fotos acima de sua cama para poder sonhar com a nova vida que eles terão na faculdade. Kim foi estudar em Harvard; Emanuel acabou em um programa de honra da Universidade Estadual de Ohio com bolsa de estudo integral.

Ela sabe que não existe essa coisa de mãe solteira. Orientadores na escola ajudaram Kim a ter as aulas de que ela precisava. Uma mulher de uma escola próxima a ajudou a entrar no programa de internato. Um aluno de Harvard fluente em espanhol também ajudou Maria a ficar mais tranquila quanto à ida de Kim para lá. Outro orientador ajudou na candidatura às bolsas.

Kim sabe que tudo começou com sua mãe. "Ela faria qualquer coisa por nós", constatou. "Nós somos o mundo, o universo dela."

Depois de visitar Harvard, Kim disse ao orientador: "Eu apenas sei que posso dar uma vida maravilhosa para minha mãe".

Maria, com certeza, responderia que já tem uma vida maravilhosa.

Quatro anos depois de eu ter conhecido Maria, Kim formou-se na Universidade Harvard, graduada em psicologia. Três dias depois, Emanuel formou-se na Universidade Estadual de Ohio em engenharia da computação. Maria comprou para eles presentes especiais de formatura na loja em que trabalhou e os embrulhou em papel crepom. Os dois convites para as cerimônias de graduação foram pendurados no forno micro-ondas, onde Maria pode vê-los todos os dias.

Universidade Estadual de Ohio.

Universidade Harvard.

Ela levou os convites ao peito.

"Meu coração está repleto de felicidade. Eu amo meus filhos."

É assim que tudo começa.

LIÇÃO 39

Você faz acontecer aquilo em que pensa

Eu adoro a frase de caminhão que diz: NÃO ACREDITE EM TUDO QUE PENSA.

E aí me lembro de todas as besteiras que sempre surgem em minha mente. Os medos. Os ressentimentos. Os dramas. É como um cinema que de vez em quando passa os piores filmes alternativos existentes.

Meu amigo Aaron, um alcoólatra em recuperação, disse algo profundo certa vez: "Meu cérebro está tentando me matar". Eu dei risada na hora, mas depois percebi que aquilo também era verdadeiro em relação a mim.

Imagine se fosse possível gravar todos esses pensamentos e depois reproduzi-los novamente. Não continuaria amiga de alguém que pensasse de maneira tão negativa e crítica sobre mim. Ou, como disse outro amigo em recuperação, "preciso despejar essa turma que vive sem pagar aluguel dentro da minha cabeça". Uma vez que você despeja esses pensamentos, pode convidar novos.

Não seria maravilhoso perceber que podemos enxergar nossos próprios pensamentos a distância? Eu amo aquele artifício nos livros de Harry Potter que permite descarregar o que há no cérebro e enxergar a nebulosa onda de pensamentos e memórias que confundem a cabeça. O nome do objeto é penseira, e se parece com uma bacia de pedra, grande e rasa. O artefato fictício permite que uma pessoa extraia suas memórias ou pensamentos excedentes e os reveja mais tarde a partir de um terceiro ponto de vista, permitindo enxergar diferentes padrões, conexões e hábitos de pensamento capazes de confundir ou libertar a mente.

Em geral, os pensamentos que me bombardeiam são formas variadas de dúvida sobre mim mesma. Quem nunca se sentiu derrotado por dentro? Aparentemente, muitos de nós nos sentimos assim. Certa vez, li um artigo no *The Wall Street Journal* que fazia um relato cáustico sobre o que percorre nossa cabeça. O título chamou minha atenção: "Silenciando a voz que diz que você é uma fraude".

Os humanos abrigam um parasita, um crítico interior, um colega de quarto malcomportado. Até mesmo aqueles que por fora parecem ter sucesso, como médicos, executivos e acadêmicos, podem sofrer com as constantes companhias em suas mentes, que lutam contra eles e afirmam que eles não são bons o bastante.

Será que as mulheres sofrem mais do que os homens? O veredicto veio à tona. Sou culpada por pensar demais, assim como a maioria das mulheres que conheço. Já os homens parecem ter um botão DESLIGA. Eles podem ouvir notícias ruins antes de ir para a cama, passar dois minutos preocupados, dizer boa noite e roncar até a hora de acordar. Enquanto isso, a esposa passa metade da noite ruminando a má notícia.

Os homens parecem se abrigar em uma caverna para fugir do barulho. Talvez eles não tenham nenhum barulho no interior da cabeça e se esquivam dos ruídos que espirram de nossos cérebros barulhentos. Quase nunca sei o que um homem está pensando. Quando pergunto a meu marido ou filhos, eles normalmente respondem: "Nada".

Isso não vale para todos os homens. Conheci alguns poucos que sofriam de modo impiedoso. Meu amigo Rob faz uma caminhada diária com suas dúvidas e se espanta por causa dos erros e imperfeições que percebe. Ele chama isso de "tortura diária".

Assim como acontece com Rob, meu cérebro fabrica todo tipo de insensatez. Não tenho um botão DESLIGA, mas ao menos tenho aprendido a baixar o volume da autocrítica. Foi preciso preencher as duas cartelas do teste do *The Wall Street Journal* para descobrir como sou autocrítica. Na escala de Atitudes Disfuncionais, minha pontuação ficou na categoria "alto nível de autocrítica e perfeccionismo".

Acredito constantemente que as pessoas terão uma imagem pior de mim se eu cometer um erro, quando são grandes as chances de elas não estarem pensando em mim. Depois, por eu ser colunista de jornal, muitos leitores gravam desvarios na secretária eletrônica e escrevem comentários maldosos no blog quando discordam de mim, então nem sempre é fácil deixar de lado o que é negativo.

Tentei substituir o negativo pelo positivo. Colei afirmações no interior do armário do banheiro para ler pela manhã. Mas o que realmente mudou isso para sempre foi quando percebi que meus pensamentos têm poder para criar algo em minha vida. Que tipo de vida você quer criar? Uma assustadora? Amistosa? Alegre? Triste?

Às vezes, paro para me perguntar: "Você quer ser feliz?". E eu mesma respondo: "Então pense e aja de acordo com essa ideia".

Mas como escapar de seu crítico interior?

Psicólogos que consultei durante anos, livros que li e amigos que frequentam programas de recuperação forneceram inúmeros conselhos úteis.

Mantenha um diário e registre seus pensamentos. Depois volte e releia seus escritos algumas semanas mais tarde para observar quais padrões de comportamento o atrapalham. Então, decida como quebrar o padrão com novos pensamentos e ações.

Pratique a liberação dos pensamentos negativos a partir do momento em que eles surgem e são identificados por você como prejudiciais. Achei de grande ajuda carregar comigo um pensamento positivo escrito em um cartão na minha carteira, para usá-lo como "substituidor de pensamentos". Trata-se de algo para ler e repetir para mim mesma, várias vezes, quando pensamentos de dúvida parecerem estar no domínio. Pensamento entra, pensamento sai, pensamento substituído.

Concentre sua atenção em como é possível ser útil aos outros. Quando ficar em dúvida, ajude outra pessoa e saia de si mesmo.

Distraia-se do excesso de pensamentos. Toda vez que se pegar preocupado, diga algo que o ilumine e distraia-se de todas as preocupações. Use uma palavra que o afaste da negatividade, como banana split, flores, férias.

Dedique meia hora por dia ao excesso de pensamentos. Estabeleça um horário específico para isso e lembre-se de dizer, durante o resto do dia, "agora não é hora", e deixe-os de lado.

Ao término de cada semana, anote as pequenas conquistas, vitórias e bênçãos para saboreá-las.

Também me ajudou muito usar os conselhos de meus amigos em recuperação. Eles sempre me dizem para analisar os pensamentos, não acreditar em tudo o que penso e questionar os pensamentos para determinar se eles são baseados em fatos ou em ficção. Aprendi a parar e perguntar a mim mesma:

"Esse pensamentos são fatos ou uma ficção que eu inventei e me assusta?"

"Há provas sólidas para sustentar isso como um fato?"

"Se eu me apegar a esse pensamento, ele vai melhorar ou piorar minha vida?"

"Pensar desse jeito aumenta ou diminui minhas chances de ser mais feliz, alegre e livre?"

"Pensar assim me deixa mais próxima ou mais distante da alegria que quero em minha vida?"

Pop. Pop. Pop. Pop. Essas questões explodem qualquer bolha de pensamento que vem a mim. Ria quanto quiser, mas pelo menos tente.

Ainda estou trabalhando nos destroços da mensagem crônica de que "não sou o bastante". Certo verão, na praia, rezei para me tornar livre disso de uma vez por todas. Olhei para o horizonte e perguntei: "Será que um dia vou acreditar que sou o bastante? Como isso vai se curar?".

A resposta veio rápida e alta o suficiente para ser ouvida acima do barulho das ondas: "ajudando os outros a acreditar que eles são o bastante".

Bingo. Até mesmo meu crítico interno gostou dessa.

LIÇÃO

40

Mire mais alto

Bonnie St. John perdeu a perna direita aos cinco anos de idade por causa de uma doença óssea.

Ela faz piada sobre o assunto referindo-se a si mesma como a menina afro-americana de uma perna só, vinda de San Diego, sem dinheiro e sem neve, e que, no entanto, aprendeu a esquiar.

Por ser uma mulher negra e com uma perna só, ela enfrenta mais obstáculos do que a maioria das pessoas. Sobreviveu ao abuso sexual, a uma família disfuncional, ao divórcio, à discriminação de raça e gênero e à época em que andou pelo mundo sobre uma única perna. Conheci Bonnie durante uma conferência em Worcester, Massachusetts. Eu era a oradora do evento na parte da manhã, e ela, na parte da tarde.

Ela usava uma saia e um sapato o mais parecido possível a um salto alto por causa da perna artificial de titânio. Amei o fato de ela não tentar disfarçar a perna artificial.

"Vocês querem ver um milagre?", perguntou ela à multidão.

Apenas se levantou e saiu andando pelo palco.

O público a aplaudiu fervorosamente.

Bonnie costuma visitar pacientes em hospitais e discursar para as pessoas que estão diante de obstáculos que parecem intransponíveis, assim como já aconteceu com ela um dia. Certa vez, recebeu uma mãe cujo filho de 13 anos sofrera uma queimadura terrível no rosto e nos braços. A mãe virou-se para Bonnie e perguntou: "Algum dia meu filho vai voltar a levar uma vida normal?".

Imaginei que Bonnie fosse prometer: "É claro que sim". Mas sua resposta me chocou.

"Não", disse Bonnie. "Ele precisa mirar mais alto."

Foi o que ela fez.

Assim que parou de tentar esconder a perna, de imaginar que poderia ser igual às outras pessoas, assim que ela percebeu que a normalidade costuma ser amplamente exagerada, ela ousou mirar mais alto do que a vida normal e conseguiu.

A criança cuja perna foi amputada acabou se transformando na primeira afro-americana a ganhar medalhas olímpicas no esqui. Conquistou uma medalha de prata e duas de bronze na categoria *downhill* nos Jogos Paraolímpicos de 1984, na Áustria.

Ela não queria apenas ser uma atleta. Ela se formou com honra na Universidade Harvard. Ganhou uma bolsa Rhodes para Oxford. E foi indicada para o Conselho Econômico Nacional da Casa Branca durante o governo do presidente Bill Clinton.

Seu objetivo é disseminar a alegria. Pensando nisso, ela encoraja as pessoas a saborear a alegria que já carregam dentro de si. Ela não tem simplesmente uma lista de tarefas a cumprir, mas uma lista de coisas a sentir, e deposita toda a alegria nisso.

Ela é escritora, treinadora de executivos e palestrante motivacional. Uma de suas citações foi parar em uma caneca do Starbucks à venda no país inteiro: "Estava na frente no *slalom*, mas durante a segunda rodada todo mundo caiu em um lugar perigoso. Fui vencida por uma mulher mais rápida do que eu. Aprendi que as pessoas caem, que os vencedores se levantam e que os ganhadores da medalha de ouro apenas se levantam mais rápido".

Uma grande maneira de compreender a vida. Todo mundo cai. Os campeões são aqueles que se levantam mais rápido e seguem adiante.

Muitos de nós, inclusive eu, queremos que a vida volte ao normal quando caímos, quando a vida tira o tapete voador no meio da viagem. Ao receber o diagnóstico de câncer de mama aos 41 anos, continuei esperando que minha vida voltasse ao normal. Pensei que isso fosse acontecer depois da cirurgia, depois da quimioterapia, depois da radioterapia. Nunca aconteceu. Passei a viver uma nova normalidade. Uma normalidade melhor.

Os tratamentos para o câncer me obrigaram a desacelerar meu ritmo, a reordenar minhas prioridades, a dizer não ao que não era vida e a dizer "sim" ao que era.

O câncer me forçou a querer mais. As cicatrizes de minha mastectomia dupla servem de lembrete diário para dizer "sim" à vida. Sim a escrever livros que eu sempre quis escrever, sim para passar tempo com as pessoas que mais amo, sim para a alegria diária de cada momento.

As pessoas a nosso redor estão vivendo vidas melhores do que o normal.

Anos atrás, entrevistei um homem que perdeu a mão em um acidente de trabalho. Quando um cara como Ralph Colon perde a mão, perde muito mais do que cinco dedos. Ralph trabalhou na Cardinal Fasteners and Specialties, nos arredores de Cleveland, durante 28 anos. Ele estava ajustando uma forma de parafusos gigantes, daqueles que pesam 40 quilos. Ralph precisava fazer um ajuste rápido. Quando colocou a mão, alguém acidentalmente pisou em um pedal que acionou a máquina. Ele puxou o braço, mas era tarde demais.

A máquina esmagou a mão esquerda dele.

O sangue se espalhou por toda parte. Um helicóptero de resgate levou-o rapidamente ao centro de traumas mais próximo. Todos os dedos dele estavam inutilizados. Os médicos tentaram salvar o dedão, mas não conseguiram.

O primeiro ano?

"Tive um caminho terrível a percorrer", recorda Ralph.

A amputação atingiu diretamente o âmago do significado de ser homem. Na maior parte do tempo ele passou a se sentir meio-homem. Um pensamento continuava o atormentando: "Para que eu sirvo agora?".

Ele nunca precisou de um psicólogo nem mesmo de uma aspirina. Mas não fosse a terapia e os antidepressivos, hoje ele estaria morto.

"Eu teria dado um tiro na minha cabeça", confessou.

Ralph sempre havia trabalhado com as mãos. Os freios do carro, o trabalho elétrico em casa, o encanamento: amava o trabalho duro. Um advogado sugeriu que ele buscasse aposentadoria por invalidez. Outros sugeriram uma indenização trabalhista.

Porém, ele decidiu que miraria mais alto para se sentir completo. Deu início, então, a sua própria empresa de entregas, batizando-a de R. L. C. Star Services.

R de Ralph.

L de Luana, sua esposa, sua rocha.

C de Colon.

E Star porque, ao olhar nos olhos de Luana, "é como se visse uma estrela cercada pelo azul". Ela segurou as pontas nos períodos em que ele quase saiu pela tangente por causa de todo o sofrimento.

Hoje, Ralph usa uma mão biônica. Ele consegue segurar uma latinha, mas, às vezes, a mão se abre contra sua vontade. Apesar de ser grato por estar vivo, em alguns momentos a situação ainda é complicada.

"Tenho meus dias ruins", comentou. "Passa-se um tempo e aí eu me sinto sem serventia."

Nesses dias, ele se senta ao lado do aquário e fica olhando os peixes nadarem até os pensamentos ruins irem embora. Durante um tempo ele ficou revoltado com Deus. Hoje, não mais.

"Eu estava sempre em busca de um desafio. Acho que agora Deus me deu um", diz ele, e gargalha.

Agora já é possível jogar bilhar, andar de motocicleta e dirigir um caminhão.

"É fácil desistir. Fácil demais", comenta. "Você acha um jeito de fazer as coisas aconteceram. Às vezes, é preciso dez tentativas. Apenas demora um pouco mais para eu fazer o que quero."

Ralph gosta de contar às pessoas sobre a montanha que ele escalou e da vista que vislumbra do outro lado, agora que seu negócio é um sucesso. Ele oferece um conselho a todos: "Mantenha-se firme. Não tenha medo de começar a fazer as coisas com aquilo que tem".

Não tenha medo de tentar ir além.

LIÇÃO 41

Transforme o sonho de alguém em realidade

Nunca é tarde demais para mudar o curso da vida de uma pessoa.

Seis décadas atrás, Leonard Czartoryski teve todo seu futuro traçado de antemão.

Ele queria ser dentista.

Serviu a Marinha como artilheiro de defesa antiaérea ao longo de três anos, no período da Segunda Guerra Mundial. Voltou aos Estados Unidos e usou o G. I. Bill[5] para cursar a faculdade. No verão de 1946, matriculou-se na Universidade John Carroll. Sua esposa, Joanne, criou os quatro filhos do casal, enquanto ele trabalhava durante o dia e ia para a faculdade à noite.

Quando se matriculou nos cursos de odontologia, ouviu reclamações sobre o fato de seu sobrenome ser complicado.

5 Programa de reinserção social criado nos Estados Unidos para os veteranos da Segunda Guerra Mundial. (N.T.)

Czartoryski era estrangeiro demais. Quem quereria se consultar com um dentista polonês? As provocações o incomodavam, mas não foram suficientes para fazê-lo desistir.

Ele comprou um anel de formatura ainda em 1949. O reluzente anel âmbar continha a inscrição John Carroll University. Ele o usou com orgulho, apesar de ter concluído toda a carga de estudos somente em 1956.

Já havia entregado seu último trabalho, e faltava apenas uma prova para fazer. Nesse dia, uma gigantesca tempestade de neve atingiu Cleveland. Era impossível dirigir com toda aquela neve e aquele vento forte. O instrutor não acreditou em seu motivo, brincou com sua descendência polonesa e insistiu que Leonard fizesse todo o curso novamente.

Leonard não podia tolerar aquela situação.

Ele não era um homem que questionava a autoridade. Estamos falando de 1956, uma época em que os filhos dos imigrantes aceitavam o que lhes cabia na vida. Desestimulado, ele desistiu.

Leonard tirou seu anel de formatura. Chegou a ponto de trocar seu sobrenome de Czartoryski para Cartor, preservando seus filhos de futuros preconceitos por causa da origem estrangeira.

Durante as três décadas seguintes, ele trabalhou na Lincoln Electric. Criou três meninos e uma menina que cresceram ouvindo a história de como o pai quase concluíra a faculdade. Leonard aposentou-se em 1985 e depois se mudou para Port Charlotte, na Flórida. Aos 85 anos, ainda sentia dor pelo sonho que lhe fora negado.

Um dia, seu filho Tom contou a história do diploma para uma amiga, Margaret Lahner. Ela ficou tão incomodada que escreveu para Robert Niehoff, reitor da John Carroll. Ela solicitou à escola que outorgasse a Leonard um diploma honorário. Tom não contou nada ao pai, pois não queria criar expectativas.

O problema é que Leonard não dispunha de créditos suficientes para o curso preparatório de medicina, mas Beth Martin, reitora associada de ciências e artes da faculdade, conferiu os documentos de 1949 a 1956 e descobriu que Leonard dispunha de créditos suficientes para um diploma em sociologia.

Tom telefonou para a mãe, dizendo que queria dar a notícia ao pai pessoalmente. Ele temia que o choque pudesse causar um novo ataque cardíaco.

Quando contou a sua mãe que "a John Carroll quer entregar o diploma para o papai", ela começou a chorar. Ao ouvir a notícia, Leonard ficou sem palavras. Foi até o quarto e abriu o porta-joias. Escavou entre várias correntes e pingentes pelos 10, 20 e 30 anos de serviço na Lincoln Electric. Ali estava.

O anel de formatura âmbar ainda se mostrava reluzente.

Não cabia mais no dedo anelar. Todos aqueles anos manuseando bobinas haviam deixado seus dedos calejados e inchados. Então, Leonard colocou o anel no dedo mindinho.

Quando os formandos se enfileiraram naquela primavera, todos os 990, Leonard não estava entre eles. Ele respirava com um balão de oxigênio e estava fraco demais para viajar. Mas no palco, em uma seção VIP, seu filho Rick adiantou-se quando chamaram pelo nome do pai: Leonard N. Cartor.

O diploma que ele deveria ter ganhado há mais de 50 anos era finalmente seu.

Ele era um formando aos 85 anos de idade.

Os formando da John Carroll não foram os únicos a ouvir o nome de Leonard. Uma multidão de outros formandos ouviu toda sua história.

Denise San Antonio Zeman, presidente da Fundação São Lucas, leu a coluna de jornal que escrevi sobre a realização do sonho de Leonard. Ela decidiu alterar o discurso que faria aos formandos da Case Western Reserve School of Dental Medicine. Contou à turma de 2009, do curso de doutorado em ciências dentárias, sobre o caso de Leonard Czartoryski, que durante 63 anos sonhara em se tornar dentista.

Denise resumiu a jornada de Leonard, desde seu serviço na Segunda Guerra Mundial até as aulas noturnas na John Carroll, da tempestade de neve aos maus-tratos sofridos por causa de seu sobrenome. Ela relatou aos formandos como ele trabalhou duro e se sustentou, mas sem realizar seu sonho.

A família de Leonard chorou quando soube que cada formando que estava ali, prestes a se tornar dentista, conhecia a história de seu pai. Denise disse aos formandos:

> Neste mesmo dia em que recebem o diploma de dentista, o filho de Leonard está cuidando do pai, que vive um momento frágil para viajar e honrosamente receber seu diploma da Universidade John Carroll. Leonard, que ficou com o dedo anelar calejado e inchado demais para conseguir colocar o anel de formatura, hoje o usa com orgulho em seu dedo mindinho.
>
> E peço a vocês, da turma de 2009, que realizaram o sonho de se tornar dentistas, que parem por um momento e pensem na história de Leonard Czartoryski, um homem que sonhou estar no lugar onde vocês estão hoje, um homem cujos ventos da vida o levaram a diferentes direções, mas cujo sonho de ter um diploma universitário se torna realidade hoje.

Denise disse aos formandos que todo mundo que eles conheceram nos últimos quatro anos cruzaram a vida deles por alguma razão, em uma estação ou ao longo de toda a vida:

> Talvez, muitas das pessoas que vocês conheceram no decorrer desta jornada estivessem ali para lhes ensinar uma importante lição. Ou, talvez, vocês tenham entrado na vida de alguém por alguma razão. Um paciente clínico cuja dor vocês aliviaram, uma criança inspirada pela primeira escova de dentes presenteada por vocês. Minha expectativa é que, quando alguém pelo caminho perguntar se vocês podem ajudar a quem precisa, vocês se recordem que, talvez, esta seja sua chance de participar da vida de alguém por algum motivo.

Leonard Cartor não conseguiu se tornar dentista, mas conseguiu mudar o fim da história de sua vida. E ele influenciou o início da história de vida daqueles formandos, por uma razão, por uma estação ou, talvez, para a vida inteira.

LIÇÃO

42

Triagem

A competição entre as ambulâncias começou quando cada equipe de resgate recebeu um papel datilografado com o problema que todos estávamos prestes a enfrentar.

> Sua unidade é chamada a comparecer na cena de um acidente automobilístico, às 15h30 de um sábado. A temperatura é de dois graus Celsius, e o que era neve se transformou em chuva. Ao chegar ao local, percebe que um automóvel deslizou e atingiu um poste, o que provocou a ruptura do tanque de combustível, derramando grande quantidade de gasolina pela área. O motor está funcionando. Uma multidão se aglomera quando você vai até o veículo e verifica o seguinte: o para-brisa ao lado do passageiro está quebrado.
>
> A vítima número um, o condutor do automóvel, encontra-se caída sobre o volante. Possui uma profunda laceração que começa no alto do nariz, desce pelo lado direito do rosto

até a bochecha, com sangramento moderado. Está semiconsciente e tem a perna direita bastante deformada no tornozelo, na altura do qual há um sangramento severo. Ao resgatar a vítima, ela parece estar tentando lhe dizer alguma coisa.

A vítima número dois, o passageiro do veículo, está inconsciente e inclinada sobre a porta direita do automóvel. Possui um corte de aproximadamente 13 centímetros na linha do cabelo, que está sangrando livremente. Os dois pulsos parecem deformados.

Começou!

Nossa equipe entrou em ação para tratar as falsas vítimas no piso do ginásio. Rapidamente fizemos uma triagem e decidimos o que era mais urgente. Controlar o sangramento em ambas as vítimas com pressão direta. Desligar o motor do automóvel, pedir à multidão para não acender cigarros, ligar para a polícia e para o corpo de bombeiros. Conferir os ferimentos e possíveis alertas médicos nos documentos de identidade. Tratar as duas vítimas de choque. Checar suspeitas de ferimentos na cabeça, no pescoço e nas costas de ambos os feridos e imobilizá-los para o transporte. Imobilizar os pulsos da segunda vítima.

Vencemos a competição estadual de resgate de ambulância de 1977, quando eu ainda era técnica em emergência médica do Serviço Voluntário de Ambulância da Universidade Estadual de Kent. Nós disputamos a competição de primeiros socorros com equipes de todo o estado de Ohio. Também trabalhei em uma funerária que na época fornecia serviços de ambulância em minha cidade, quando as ambulâncias nas pequenas localidades eram controladas pelas funerárias, e não pelo corpo de bombeiros.

Além dos primeiros socorros, o treinamento de técnica em emergência médica me ensinou a priorizar minha vida para sempre. Os instrutores derramaram sobre nós uma única palavra: triagem.

Triagem é a maneira como se determina a prioridade de tratamento dos pacientes com base na gravidade da situação. O primeiro a ser socorrido não pode ser aleatório, então a triagem determina qual é a prioridade e a ordem de tratamento das vítimas. A palavra vem do francês *trier*, que significa classificar ou selecionar. Nos campos de combate da Primeira Guerra Mundial, os médicos franceses estabeleceram um sistema para decidir como dividir os feridos.

Quando se chega ao local de um acidente, a primeira pessoa a ser tratada não é a que grita mais alto nem a que sangra mais rápido e muito menos a que reclama mais do que as outras. É preciso observar toda a cena do acidente o mais rápido possível e tratar o ferido que estiver em estado mais grave. Tem pulso? Está respirando? Coração e vias aéreas são mais importantes do que fraturas e sangramentos. É possível aplicar esse conceito a sua família quando todos estão pressionando em busca de tempo e atenção.

Os estudos ensinam o básico: vias áreas, respiração e circulação. Ferimentos que ponham em risco a vida da vítima são prioridade, depois lesões que comprometam os membros e por último todo o resto. Também treinávamos para o caso de múltiplas vítimas, em que é preciso selecionar rapidamente quem pode ser salvo e quem não pode, quem carece de cuidado imediato e transporte e quem pode esperar.

No início você se sente pressionado. Por onde começar? Você identifica as vítimas que precisam ser socorridas primeiro, aquelas para as quais o tratamento médico imediato e o transporte podem fazer a diferença entre a vida e a morte. Nesse momento, tenta não ser desviado pela enormidade e pelo drama da situação. Você classifica cada vítima em uma categoria.

Vítimas urgentes e imediatas são prioridade – precisam de atenção instantânea para que a vida delas ou um membro sejam salvos. Elas precisam de ressuscitação ou cirurgia e precisam ser transportadas primeiro. A sobrevivência delas está em jogo, então devem ser estabilizadas e removidas rapidamente.

As vítimas de alta prioridade encontram-se mais estáveis, mas precisam ser observadas e receber cuidados médicos em poucas horas, ou podem se transformar em prioridades urgentes.

Vítimas não urgentes carecem de cuidados, mas podem esperar se for necessário passar por um médico e talvez não precisem de uma ressonância magnética.

É possível aplicar o conceito da triagem em outras profissões. Certa vez, em uma sala de aula, presenciei uma professora exercer controle sobre um grupo por meio da triagem. "Só quero ver uma mão levantada se a pessoa estiver sangrando ou pegando fogo. Qualquer outra coisa pode esperar", disse aos alunos. Uma mão se levantou. "Você está sangrando ou em chamas?", a professora perguntou. A mão se abaixou.

Uso o conceito da triagem para manter minha vida em equilíbrio. Analiso qualquer situação em que esteja envolvida e decido, com base nos recursos que tenho comigo e a meu redor, o que posso e o que não posso fazer. Isso muda de acordo com meu dia e com a calamidade ou a calma que houver dentro de mim.

Todos os dias ordeno minhas prioridades. Oriento-me pelo lema "prioridades primeiro", que se originou a partir daquele trecho das Escrituras: "Buscai primeiro o reino de Deus e sua justiça; e tudo o mais o será acrescentado". Isso me ajuda a priorizar meu dia. Antes de ir para o trabalho, fico de joelhos. Oração e meditação são minha linha de vida, pois me proporcionam a clareza de que preciso para enxergar ao longo do dia o que me pertence e o que não me pertence.

Sempre que o mundo está me pressionando de uma série de maneiras diferentes, de modo que eu não possa dizer "sim" a todos, paro para fazer a triagem. O que é mais vital? Meu relacionamento com Deus está em primeiro plano. Depois, minha saúde. Então, minha família. A seguir, meus amigos mais próximos. Na sequência, meu trabalho e missão de vida. Depois, a comunidade a meu redor. Se eu não tiver certeza de onde começar, considero o topo da lista, e não a base. Algumas semanas são tão movimentadas que nunca chego aos últimos itens, mas os relacionamentos mais importantes não são afetados.

Cheguei até mesmo a desenhar um imenso alvo na parede para me concentrar melhor em relação ao que devo dizer "sim" e ao que devo dizer "não". No centro do alvo escrevo meu nome, Deus e o nome das pessoas que mais amo, marido, filhos e netos. No círculo seguinte, coloco o nome dos sobrinhos, da minha mãe e dos amigos mais próximos. No terceiro, escrevo o nome de amigos e conhecidos mais distantes. Por fim, no último círculo, estão todos aqueles projetos que não precisam ser feitos e as preocupações em relação às quais não tenho poder ou influência. Na maior parte dos dias, não me direciono ao círculo maior, e não tem problema, porque tomo cuidado com as pessoas e os projetos mais importantes.

Se você sabe suas metas e mira no centro do alvo, não desperdiça energia com outros círculos que não exijam urgência ou não tenham importância no momento. Em vez de usar uma espingarda para atingir o alvo e pulverizar sua energia por todos os lados, você direciona a mira para um foco claro no centro e dispara.

Olhar para o alvo me ajuda a perceber que algumas prioridades não cabem a mim. Não posso salvar qualquer pessoa ou lutar por qualquer causa. Nos círculos externos do alvo, escrevo coisas que me preocupam, mas em relação às quais tenho pouco poder, como o aquecimento global, a vida das baleias, a política na Coreia do Norte.

Dou-me permissão para liberar aquilo que não posso salvar, todos aqueles projetos, planos e pessoas que não são minha responsabilidade. Eu paro, elevo-os em oração, abençoo-os e libero-os.

Ao fazer isso, eu me liberto para dar o melhor de mim onde mais preciso.

LIÇÃO

43

Santo é aquele que sabe quanto Deus o ama

Minha mãe possui uma caixa sagrada especial em seu quarto. O artefato de madeira está pendurado na parede, de frente para sua cama. Atrás da janelinha de vidro há uma dúzia de caixinhas redondas do tamanho de uma moeda de 25 centavos. Dentro de cada uma delas, há relíquias dos santos, pedaços de ossos parecidos com pontinhos de poeira.

Em nossa casa, os santos eram grandes. Enormes. Uma estátua de Maria com mais de um metro de altura ficava sobre uma arca de cedro em frente à cama de meus pais. Como eles conseguiram conceber 11 filhos naquele quarto é algo que está além da minha compreensão.

Crescemos lendo *As vidas dos santos*, referência obrigatória nas casas das famílias católicas dos Estados Unidos. Após os primeiros capítulos, você consegue visualizar uma imagem do que a santidade exige – uma visão nada legal para uma criança. Santos foram decapitados, queimados vivos, torturados e violentados. Parecia que apenas virgens e mártires podiam ser candidatos à canonização. A santidade exigia sacrifício e sofrimento sobre-humanos.

Nós todos recebemos três nomes de santos: no nome, no nome do meio e no nome de confirmação. Era preciso ser batizado com nome de santo. Durante o nascimento, os pais escolhiam o nome de um santo como modelo e guardião daquela criança.

Para escolher o nome de confirmação, pesquisávamos os volumes das vidas dos santos em busca de informações sobre como foram martirizados. No Halloween da Escola da Imaculada Conceição, éramos encorajados a nos vestir como santos. A maioria dos alunos usava roupas para caracterizar São Patrício e seus acólitos afastando cobras; São Francisco com sua túnica marrom e um pedaço de corda na cintura; São Nicolau e sua roupa de Papai Noel. Algumas crianças tentavam Joana D'Arc, mas as freiras não gostavam que as meninas se maquiassem para simular as queimaduras.

O Vaticano impôs regras para determinar quem realmente é santo. É preciso provar ao menos três milagres. Existe um santo para cada ocasião, doença ou problema. São Cristóvão era o santo patrono dos viajantes. Ele era colado em um ímã nos painéis de nosso carro até um papa aparecer e rebaixá-lo.

São José é o patrono dos corretores de imóveis. Se você não consegue vender sua casa, basta enterrá-lo no quintal de cabeça para baixo, e dentro de alguns dias uma placa de VENDIDO vai aparecer no gramado.

Se perdíamos alguma coisa, rezávamos para Santo Antônio, diretor da seção cósmica dos achados e perdidos. Orávamos: "Uma coisa foi perdida e precisa ser achada. Por favor, dê uma olhada. Santo Antônio, a gente reza, traz de volta bem depressa".

E *voilá*! A bolsa, a carteira ou aqueles cinco dólares voltavam feito um bumerangue.

Se perdíamos algo mais importante, como a cabeça, era melhor rezar para São Judas Tadeu, santo das causas impossíveis.

Os santos são nossa ligação com Deus. Na escalação do time celestial, Maria é a centroavante, a rainha da piedade e do amor. Quase todos os católicos já ouviram a história sobre como o céu foi se enchendo de todas as espécies de indesejáveis. Quando Jesus reclamou com São Pedro por deixá-los entrar, Pedro respondeu: "Não é culpa minha. Eu os impeço na porta da frente e sua mãe os deixa entrar pela porta dos fundos".

Também existe um sermão popular sobre um menino que rezava a Jesus para ganhar uma bicicleta e nunca era atendido. Um dia, o menino pegou uma estátua de Maria e a escondeu no armário. Então, juntou as mãos e começou a rezar: "Jesus, se você quiser voltar a ver sua mãe...".

Há algum tempo, percebi que a santidade e os halos não eram exclusividade dos santos dos vitrais. Há santos não oficiais entre nós, pessoas que simplesmente amam a Deus e aos outros sem que tenham de exibir seu sangue ou suas chagas. Pessoas como meu tio Johnny.

Ele tinha visão de raio X. Conseguia enxergar Deus em todo mundo. Eu não havia percebido isso até começar a ler seus e-mails diários. Durante meses ele enviou trechos dos Evangelhos, mas no começo eu os deletava sem ler. Um dia li uma de suas reflexões pessoais que se seguiam às passagens das Escrituras.

O irmão mais novo do meu pai nunca havia tentado ser profundo, não queria converter ninguém, muito menos transformar o cristianismo em alguma espécie de clube. Ele percebia o sagrado nas coisas comuns, nas situações desagradáveis. Desse modo, convertia problemas em parábolas, como na noite em que sua fornalha apagou.

> Telefonei para Rick Swan, que já havia me ajudado antes. Ele não estava em casa, então tentei tirar a hélice, com medo de que algum passo esquecido resultasse em uma noite sem aquecimento. Quando me aventurava a tirar o motor, o telefone tocou. Era Rick, que me explicou como proceder. Era como se Deus estivesse por perto, lembrando-me de como sou dependente.

Ele via um reflexo de Deus em sua esposa, Barbara, nos dez filhos que criou, em cada estranho que passava.

> Como todo fiel, um dia eu conheci a solidão, fiquei preso em estradas congestionadas, limpei o vômito dos filhos gripados ou com algum vírus desconhecido. No entanto, Ele me acolheu, fez Sua presença ser percebida por mim. Às vezes, na figura de Barbara, ou em um pôr do sol no campo coberto pelo verde. Também quando me sento sozinho, Ele interrompe minha respiração com um cutucão misterioso, sugerindo que eu sussurre Sua presença para uma criança de três anos ou um empacotador da Marc's Deep Discount Store.

Certo dia, meu tio enviou uma lista de lugares sagrados. Incluía o poço onde nadava quando era criança, a sala de ferramentas da fábrica da Cadillac em que trabalhou, o Centro de Câncer Irlanda do Hospital Universitário, o primeiro corredor da Marc's Deep Discount Store.

Ele transformou um passado de pobreza em uma litania de gratidão, recordando-se do carinho da parteira da fazenda que meu avô perdeu durante a Grande Depressão, da primeira família negra que conheceu, vinda para sua primeira comunhão, do garoto que lhe dava carona na bicicleta para os jogos de basquete.

Ele agradecia ao estranho que nunca conhecera, aos migrantes que colheram as bananas que ele comeu, à mulher chinesa que teceu o casaco que o mantinha aquecido.

Tio Johnny era um cristão radical, algo raro em uma cultura que considera a justiça acima da piedade e da compaixão.

> Ame sua esposa, sua mãe e seu pai, seu professor que o chateia, seu irmão pestinha.
>
> Como Maria e José, você apresenta Jesus a todos que vê, sejam eles balconistas, motoristas falando nos telefones celulares, amigos, memórias de todos que ama, inclusive daqueles que morreram – há tempos.
>
> Que privilégio compartilhar o Calvário de Jesus e trazer sua maravilhosa graça a um desconhecido.

Graça maravilhosa. Era disso que ele estava repleto, até o fim.

Quando ele morreu, aos 77 anos, foi velado em um caixão de aspecto estranho, tão fundo que era preciso se inclinar para vê-lo. O caixão era caseiro. Quando meu tio estava tratando um câncer, ele e minha tia descobriram um garoto Amish que precisava de uma carona até o hospital para tratar uma leucemia. Meu tio e minha tia o levavam para o hospital e depois de volta para casa. A família do menino fez o caixão para meu tio.

Sinto falta de seus e-mails diários, mas ainda vejo suas reflexões no empacotador da Marc's Deep Discount Store, nos motoristas que dirigem enquanto falam ao celular, no fiel de cada dia. Existem relíquias dos santos por todos os lados, ao nosso redor.

Certa vez, ouvi dizer que santo é aquele que sabe quanto Deus o ama. Sabe que isso significa que vivemos sem exigir coisas dos outros por nada; trata-se de um amor por Deus e pelo próximo levado à extravagância.

Não é preciso ter poderes sobrenaturais para ser um santo. Não significa estar acima do ser humano, mas ser plenamente humano. A santidade não é privilégio de poucos escolhidos, ela é exigida de muitos.

LIÇÃO
44

Não desista antes de o milagre acontecer

A família precisava de ajuda.

Os médicos haviam desistido da criança. "Coloquem-no em uma instituição de apoio", disseram eles.

A família se recusou.

Os John mudaram-se para minha cidade natal, Ravenna, em Ohio, em 1969, quando eu estava no oitavo ano. Alguém em nossa igreja descobriu que eles precisavam de ajuda e recrutaram alunos da escola católica para ajudar. Então, uma mulher de nossa igreja levou um grupo de alunos para o trabalho voluntário.

Diane Plough mostrava um espírito gentil e queria nos ensinar a ser úteis aos outros. Já havíamos passado uma manhã inteira de domingo preparando donuts, das seis da manhã até a hora do almoço – a ideia era vendê-los com o intuito de levantar fundos. Aquilo já não tinha sido o suficiente?

Diane queria que ajudássemos Tommy. Ele tinha graves deficiências físicas e de desenvolvimento. Nossa função era passar as manhãs de sábado cuidando dele. A família precisava que um grupo de pessoas comparecesse duas vezes ao dia para ajudá-lo a se exercitar. Diane levou cinco de nós.

De início, eu detestava ir até lá. O trabalho era duro e não parecia fazer diferença. Pelo menos não à primeira vista. Mas eu gostava de Diane. Ela era bonita, com um lindo cabelo vermelho, e nos tratava como jovens mulheres, não como crianças em idade escolar.

Semana após semana, passávamos horas no porão da casa de Tommy tentando ajudá-lo a engatinhar por um aparelho no chão. Era como se fosse um túnel feito de madeira com cordas cruzadas no alto para impedir que a pessoa escapasse. Tínhamos de forçá-lo a engatinhar pelo aparelho. Ele odiava. Nós também. O garoto, então, gritava e resmungava enquanto batia nas cordas cruzadas. Com a mão enganchada, ele se debatia enquanto tentávamos soltá-lo.

O porão parecia uma sala de fisioterapia com todos os tipos de aparelhos para exercitar e desenvolver Tommy. Ele precisava ser exercitado pela manhã e à noite. Eram necessárias cinco pessoas, uma para segurar cada braço e cada perna e outra para segurar sua cabeça. Ele se deitava em uma mesa e nós ficávamos paradas ao lado de cada braço e de cada perna para movê-los de acordo com os comandos. Era como fazê-lo nadar no ar. Uma pessoa empurrava sua cabeça para a frente e depois a movia de um lado para outro. Ninguém queria ficar com essa função, pois ele acabaria babando, cuspindo e agarrando seu cabelo. Era preciso ter cuidado para não ficar com os dedos perto de sua boca, ou se correria o risco de levar uma mordida, ao menos era o que nos diziam. Por isso, estávamos sempre atentas à advertência.

Na época, tínhamos 13 anos, e Tommy era dois anos mais velho. Ele parecia bem mais novo quando nos puxava pelo cabelo e sacudia os braços e as pernas enquanto grunhia. Não podia fazer nada sozinho, nem mesmo se sentar, engatinhar ou se alimentar. Toda a dificuldade para exercitá-lo deve ter sido uma experiência muito dolorosa para ele, mas precisávamos mexer seus músculos para que não atrofiassem. Ele resistia a todos os movimentos.

Tommy era magro, e tinha cabelos negros e curtos. Ele não falava, apenas grunhia, gritava, ria e gemia como um animal. Também era forte, de modo que era difícil forçar seus braços e suas pernas a direções que ele não queria. Era um exercício para todo mundo. A única recompensa vinha ao término de cada sessão, quando ele sabia que havíamos parado de exercitá-lo e relaxava, sorria, gargalhava, se mostrando bastante contente por nos ver.

Durante todo o tempo, não percebi nenhum progresso nem ao menos uma mínima evolução. Continuávamos indo todas as semanas, porque Diane via nele uma coragem que nós não conseguíamos enxergar.

Eu me perguntava qual era o sentido daquilo, mas nunca em voz alta. Tommy nunca iria melhorar. E não melhorou. Não enquanto fui voluntária. No entanto, a experiência me ensinou a me apresentar como uma pessoal útil, por isso fiz trabalhos voluntários outras vezes durante o ensino médio. Alguns anos após ajudar Tommy, eu estava trabalhando no Dia da Escola Feliz para pessoas com deficiências múltiplas. Ensinava as crianças que usavam capacete a fazer o som das letras do alfabeto. Jamais me esquecerei do dia em que percebi um jovem em pé no fundo do corredor. Ele parecia familiar. Era Tommy.

Ele não apenas estava em pé, estava caminhando.

Eu mal podia acreditar no que estava vendo. O milagre havia acontecido. Eu tenha desistido, mas as outras voluntárias, não.

Tommy andou apenas durante um ano. Depois ele sofreu um deslocamento na bacia. Os pais não queriam que ele fosse submetido a cirurgias que, talvez, não surtissem efeito. Ele acabou preso a uma cadeira de rodas. Já está na casa dos 50 anos e vive em um abrigo coletivo. Sua mãe, Jean, o visita todos os dias. O pai dele morreu há alguns anos.

Jean ainda não sabe quanto ele compreende, mas diz que Tommy tem uma espécie de despertador interno. O garoto sabe quando ela deve ir visitá-lo e fica triste com seus atrasos. Ele começa a rir quando a vê. Ela o distrai com brinquedos musicais que acendem luzes e emitem sons. Além disso, ama o jeito que ele zune quando está feliz.

Foi somente décadas depois de ter ido a sua casa que conheci a vida de Jean. Ela me contou que seu primeiro filho morreu apenas três dias depois do parto. Então veio Tommy, que sofreu falta de oxigenação no cérebro antes, durante e depois do nascimento. Ambos só se conheceram após seis meses, quando ele já não mostrava sinais de progresso e estava bastante debilitado física e mentalmente. Ele não conseguia se sentar sem fazer barulho. De início, Jean sentiu-se amargurada. Mas seu marido a consolou: "Tommy não sabe que é diferente".

Eles rezaram muito. Mesmo assim, perderam outro filho, morto aos nove anos depois de contrair catapora. O casal acabou ficando com um filho saudável, David.

Para Jean, o milagre não foi Tommy ter conseguido andar um dia, mas ele ter socializado com as pessoas que tentaram ajudá-lo durante todos aqueles anos. Tommy precisava fazer parte de uma comunidade rica e acolhedora. Ele não estava isolado em casa nem enfurnado em uma instituição. Possuía amigos que vinham visitá-lo todos os dias. Assim como sua família.

"Conheci muita gente boa por meio dele", contou Jean. "Ele é meu anjo. Mudou toda a minha vida."

Ele também moldou minha vida, ensinando-me como eu poderia me doar. Tornei-me voluntária no Dia da Escola Feliz, durante as campanhas de doação de sangue e em serviços de apoio a desastres organizados pela Cruz Vermelha norte-americana, assim como no Serviço Voluntário Ambulatorial da Universidade Estadual de Kent.

Tommy também moldou a vida de Andrea. Ela via uma coisa nele que eu não percebia.

"Havia algo nele", ela me disse. "Acho que ele era mais do que pensávamos."

Quando Tommy agarrava seu cabelo para brincar, ela pensava: "Eu sei que você está aí".

Tommy a ajudou a moldar sua filosofia de vida. "Não estou aqui por minha causa", disse ela. "Estou aqui pelos outros. Nós nos empurramos adiante."

Tommy ensinou a todas nós que não podemos desistir nunca.

Não se pode desistir antes que o milagre aconteça, e pode ser que ocorra mais de um milagre.

LIÇÃO 45

Corrija os problemas o mais rápido que puder, enquanto ainda for possível

Telefone. Envie um cartão. Sepulte o rancor.

"Seja lá o que for, deixe para lá", disse-me Larry Goodman Junior quando se preparava para se despedir do pai na Igreja Batista da Luz Estelar.

"Esqueça toda aquela bagunça", disse ele. "Simplesmente, esqueça".

Ele e o pai pararam de se falar em um mês de agosto. Mas ele jamais imaginou que o silêncio se estenderia por oito meses. Os dois cortaram relações após discordarem sobre os preparativos para o casamento de Larry, a cuja cerimônia o pai chegou atrasado.

Durante esse período, nenhum dos dois deu um passo de aproximação. Aqueles oito meses foram severos. Larry, de 27 anos, perdeu seu melhor amigo, o homem que o ensinou a escolher seus amigos e suas namoradas, o homem que o ensinou a assar costelas e a fazer o melhor feijão-verde do norte da Geórgia, o homem que o ensinou a ser turrão.

Até que um dia o pai foi parar no hospital com dores no peito. Larry passou para deixar um cartão. Ele não pretendia consertar as coisas, mas no momento em que o pai viu o filho cobriu-o de abraços. Ambos tiveram uma segunda chance.

"Quando atravessei a porta, ele já estava me abraçando e me beijando", contou Larry. "Eu ainda tentava bancar o durão, ainda estava bravo."

O pai ficou em paz com o filho depois de pronunciar as seguintes palavras: "Eu sei que você está bravo comigo, mas eu o amo e sei que você também me ama. Sempre estarei ao seu lado".

Então, voltaram a ser melhores amigos.

"Tudo voltou a ser como era antes", contou Larry, com os olhos cheios de lágrimas. Ele não parava de chorar desde que recebera o telefonema, alguns dias antes. Estava falando com a irmã quando alguém apareceu para dar a notícia. Ao retornar à ligação, gritou: "Nosso pai morreu!".

A casa de seu pai havia sido tomada pelo fogo. Larry foi dirigindo até o local e não acreditou na notícia até começar a sentir o cheiro da fumaça. Quando chegou, a casa incinerada estava quase no chão. Larry precisou identificar o corpo de um homem barbudo de 90 quilos e quase dois metros de altura no instituto médico legal. Soube que era seu pai ao ver as pernas. Os dois tinham a mesma panturrilha.

Larry esvaziou o armário do pai na fábrica da Ford Motor Company, onde ele trabalhou por quase 29 anos. Sempre imaginou que o pai, de apenas 48 anos, iria se aposentar na empresa. Chorou enquanto retirava as roupas usadas para trabalhar.

"A cada peça que eu tirava do armário, eu me sentia como um menino esperando o pai aparecer na esquina a qualquer instante."

Esse menino tinha um pequeno relógio interno que informava a hora que o pai desembarcava na estação de trem, e então saía correndo por mais de um quilômetro para recebê-lo. Ele se lembrou de quando o pai o levou para assistir pela primeira vez a um jogo de beisebol, de como o pai era capaz de fazer todo mundo rir e de tudo que abriu mão para trabalhar por mais um turno.

"Quando eu jogava basquete na escola, queria levantar a cabeça e vê-lo sentado na arquibancada", disse Larry. "Sinto falta de quando eu contava ao meu pai alguma coisa que havia acontecido comigo. Não importava a situação, ele sempre rejeitava os aspectos negativos. Quanto aos positivos, dizia: 'como você pode usar isso ao seu favor?'."

Larry percebeu aquele discreto lado positivo ao ver o frasco de colônia no armário.

"Meu pai adorava o cheiro do Jovan Sex Appeal For Men", disse Larry sorrindo. "Certa vez, eu estava em sua casa – devia ter uns 20 anos – e ele disse: 'tenho um negócio de primeira'. Então, me empurrou escada acima dizendo: 'você vai gostar disso'. E veio com o frasco de Jovan."

Larry vestiu um dos ternos de seu pai para o enterro, e usou algumas gotas do Jovan Sex Appeal.

O rapaz compartilhou sua história comigo para encorajar outras pessoas a corrigirem as coisas enquanto ainda há tempo. Nunca vou me esquecer do dia em que entrevistei um homem que havia esperado demais.

William Strazinsky e sua filha adolescente, Becky, foram muito próximos. Quando era criança, a menina escalava até alcançar o colo do pai e se soltava em seu peito, sentindo-se segura. Após longos dias de trabalho no escritório, ele chegava em casa, afrouxava o nó da gravata e deixava Becky puxar as duas pontas, desfazendo-o.

Pai e filha continuaram melhores amigos até mesmo depois de ele se divorciar da mãe dela. Veio, então, a adolescência, quando a lealdade se afrouxa, os amigos se tornam mais importantes, os desafios à autoridade dos pais estabelecem um fosso entre gerações. Eles tiveram uma briga e pararam de se falar. Um ano se passou. Ele sabia que essa distância não era intransponível. Apenas levaria tempo para construir uma ponte. Logo chegaria o dia em que ambos voltariam a conversar.

Em uma sexta-feira, ele chegou em casa, e a secretária eletrônica acusava uma mensagem. Becky, então com 17 anos, envolvera-se em um acidente automobilístico. O Jeep Cherokee que ela dirigia saíra de controle em meio à neve, capotara várias vezes e caíra de cabeça para baixo. A garota havia sofrido fratura na pélvis e nas costelas, além de traumatismo craniano.

Quando chegou ao hospital, ela já estava morta. Ele se sentou ao lado da maca na qual repousava o corpo dela. Colocou a mão quente ao redor dos dedos gelados e olhou para seu rosto machucado. Ela ainda não havia concluído o ensino médio. Durante duas horas, chorou, e disse a Becky que ela era seu mundo, que a amava e que queria ter ficado junto dela durante todos aqueles meses perdidos.

Ele rezava por algum milagre, rezava para que ela apertasse sua mão e falasse com ele, ainda que só por alguns minutos. Então, disse a ela tudo o que queria ter dito quando ainda estava viva.

Nunca vou me esquecer desse homem compartilhando um último momento com sua filha. Muitos de nós podemos terminar com arrependimentos como o dele. Sempre que faço alguma sessão de autógrafos, um pai ou uma mãe se aproxima e conta que não conversa há anos com um filho ou uma filha. Todo mundo espera que a outra pessoa ceda.

Por que não dar o primeiro passo? Meus amigos que participam dos programas de recuperação de 12 passos me ensinaram que nunca se deve deixar um relacionamento cercado de ressentimento e amargura. Eles me encorajaram a escrever uma lista de todas as pessoas que magoei, por minha ação ou minha falta de ação, e olhar somente para a parte que me cabe a fim de consertar o relacionamento.

Então, apresento minha lista a Deus e rezo para ter coragem de corrigir as coisas. Não espero mais a outra pessoa ceder. Não preciso esperar que ela cuide de sua parte. Pode ser que isso nunca aconteça. Mesmo assim, cuido da minha parte, não importa quão pequena ela seja. Quando o faço, quase sempre as outras pessoas também reconhecem suas responsabilidades. Mas, mesmo que isso não aconteça, minha consciência e meu coração ficam limpos.

Às vezes, preciso rezar para ter força e corrigir a situação, mas ela sempre vem e, graças a Deus, nunca veio tarde demais.

O que impede você de dar o primeiro passo?

LIÇÃO 46

Silencie. Em momento de dúvida ou indecisão, pare e abra espaço para Deus se manifestar

O barulho começa, normalmente, assim que a espera se inicia.

Não importa se estou à espera de uma notícia boa ou ruim, se estou no alto de uma montanha ou em um vale, o que interessa é que surgem todos aqueles cenários sombrios e obscuros. Meu primeiro instinto é entrevistar todo mundo que conheço em busca de uma resposta, o que normalmente cria mais barulho.

Houve duas ocasiões em minha vida em que experimentei a dádiva do silêncio de maneira tão profunda que me senti sagrada.

No momento em que descobri o nódulo em meu seio, em 1998, as vozes vieram com toda a força: "É só um cisto... é um tumor benigno... é um câncer de mama". Todo mundo tem uma história com final trágico, envolvendo a mãe, a tia, a irmã ou mesmo o cachorro que morreu por causa de um câncer.

Tentei silenciar todo o barulho e rezei para que fosse um nódulo benigno graças às minhas estrelinhas da sorte. Mas no fundo eu estava assustada. O nódulo havia crescido rápido demais. Enquanto eu esperava pelo resultado do laboratório, o tumor parecia se desenvolver a cada dia que passava. Primeiro, apresentava o tamanho de uma amêndoa, depois a metade de uma noz e, em seguida, uma noz inteira. Talvez eu estivesse ficando maluca. Eu não conseguia controlar o medo que alterava minha cabeça.

Uma noite eu estava voltando para casa após ter feito uma palestra no retiro da igreja e me perdi em uma estrada escura no vale do Cuyahoga. Ventava muito, já era quase meia-noite e eu estava a cerca de uma hora de casa. As árvores eram muito rentes à estrada e a neblina avançava pelo rio, ocultando a saída. Andei bem devagar. De repente, cervos apareceram em volta de meu carro. Como estava guiando em meio a um bando de cervos, precisei dirigir a menos de dez quilômetros por hora para não atropelá-los. Os animais se movimentavam no tempo deles, passando ao lado do carro e avançando lentamente pela estrada.

Então, uma calma tomou conta de mim. Passei a emanar a mais profunda paz. Estava sentada em completo silêncio. Todo o barulho cessara. A quietude agiu como uma grande borracha, apagando a confusão, o medo e a interminável conversa dentro de minha cabeça. A viagem transformou-se em uma oração. De algum modo eu sabia que naquele momento tudo ia ficar bem, mesmo que o nódulo fosse um câncer. Jamais me esqueci da dádiva daqueles cervos, da dádiva daquela noite de silêncio, da dádiva daquela paz.

Essa experiência me fez perceber que estar perdida, às vezes, faz parte da longa jornada chamada vida. Eu nem sempre escolheria os desvios pelos quais entrei, como a Estrada do Câncer, mas esses caminhos me escolheram e acabaram me levando exatamente aonde eu deveria estar.

A outra situação em que vivenciei a dádiva do silêncio foi quando esperava pelo que sabia ser uma boa notícia. Durante toda a minha vida sempre quis ser escritora. Então, chegou o dia de conversar com uma série de editoras que haviam lido meu manuscrito *Deus nunca dorme*. Voei a Nova York para me reunir com pessoas de oito editoras diferentes. Antes de eu voltar, Deus e o mundo queriam me dar conselhos. Não abra mão dos direitos de venda internacionais. Mantenha os direitos cinematográficos. Não assine nada antes da revisão de um advogado. Barulho, barulho, barulho.

Era dezembro e a cidade estava uma loucura por causa das compras de Natal e dos eventos natalinos. Hospedei-me no apartamento de minha irmã no Upper East Side. O marido dela me acompanhou no metrô e me deixou na porta do escritório de minha agente para que eu não me perdesse.

Minha agente, Linda Loewenthal, levou-me a todas as editoras. Era ao mesmo tempo excitante e aterrorizante. Depois de termos nos encontrado com os primeiros editores, o barulho ficou ainda mais alto. Era difícil silenciar todos os "o quê" e "se" que tomavam conta de minha cabeça.

Nos intervalos entre as reuniões, fiz umas compras para me distrair. Naquela tarde, meu telefone tocou enquanto estava dentro de uma loja.

"Venha para meu escritório", disse Linda, toda empolgada. "Temos uma oferta. Precisamos responder até às 17 horas. Ligue para seu povo."

Meu povo?

"Eu não tenho povo", respondi.

"Para seu marido, seus filhos", ela me lembrou.

Ah, sim, minha família. Eles eram meus olhos.

Entrei em um táxi, liguei para minha família, contei o que estava acontecendo e tentei segurar o fôlego. Assim que cheguei ao escritório de Linda, ela me contou todos os detalhes. Passei as duas horas seguintes pensando na oferta concreta e no interesse manifestado por outras editoras.

Minha cabeça girava. Eu amava o pessoal da Grand Central Publishing e a oferta era generosa, mas será que era a quantia correta? Seria a casa ideal para o manuscrito em que eu havia trabalhado tanto, cuidando dele como se fosse um filho? Depois de analisarmos todos os ângulos, eu ainda não estava convencida sobre qual decisão tomar. Mas em vez de derramar essa hesitante ansiedade em minha agente, que tinha outras coisas para fazer, perguntei se havia algum lugar onde eu pudesse ir para pensar e ficar um pouco sozinha. Ela me mandou para uma sala vazia na outra ponta do corredor.

Fiquei tentada a fazer ligações e aumentar o barulho, mas algo dentro de mim dizia apenas para ficar quieta. Sentei-me em um escritório vazio e fiquei totalmente imóvel. Inspirei, expirei e o barulho foi se desfazendo. Virou uma meditação. Permaneci sentada e saboreei o silêncio, deixei meu coração e minha mente simplesmente descansarem. Então, rezei para ter clareza e paz. Pedi a Deus que me guiasse pelo caminho correto e me permitisse saber a escolha certa, pela paz que sentiria em minha alma.

Depois de meia hora, senti-me na mais completa calma. De volta à sala de Linda, perguntei se ela achava que aceitar a oferta era a escolha certa a se fazer. Ela disse que sim. A paz em mim também confirmou sua opinião. Pelo telefone, ela aceitou a oferta. Depois saímos para comemorar.

No entanto, enquanto eu meditava, a indústria editorial estava implodindo. Aquele dia de dezembro de 2008 ficou conhecido como a Quarta-Feira Negra no setor. A Random House anunciou uma ampla reestruturação, a Simon & Schuster demitiu 35 funcionários, a Thomas Nelson dispensou 10% de sua equipe. Em um dos piores dias da história da indústria editorial norte-americana, eu consegui de algum modo um contrato para lançar meu livro.

Foi alucinante.

Eram quase 17 horas e eu precisava pegar um táxi e voltar para a casa de minha irmã, antes que se tornasse impossível fazer o percurso de volta. Multidões dirigiam-se à inauguração da árvore de Natal do Rockefeller Center. Eu não sabia andar direito por Nova York nem tinha certeza de qual era o melhor lugar para chamar um táxi. Mas de alguma forma consegui um rápido. Entrei no carro e atravessamos o congestionamento em meio ao barulho das buzinas. Demoramos 15 minutos para percorrer uma quadra. Por um minuto comecei a ficar com medo de quanto iria custar aquela viagem, então comecei a rir. Eu havia acabado de assinar um contrato para lançar um livro, podia pagar por uma longa viagem de táxi.

Fiquei tentada a telefonar a todos os meus conhecidos para comemorarmos juntos, mas primeiro resolvi parar e agradecer por um momento. Foi então que um silêncio me envolveu inteiramente, como se eu estivesse embaixo de um cobertor de paz. A viagem no táxi parecia tão sagrada quanto uma capela. Tive uma sensação de unidade com Deus, uma conclusão, como se eu estivesse envolta, por dentro e por fora, em uma paz verdadeira que superava toda a compreensão.

Algo em mim dizia: "Lembre-se deste momento. É seu sinal de que tudo está bem. Jamais duvide desse acordo, desse livro".

Como você obtém momentos de grande paz?

Por meio da prática diária de abertura a eles.

Certa vez ouvi falar de uma mulher que tirava um dia inteiro por semana para ficar em completo silêncio. Isso pode parecer radical, mas imagine quanto silêncio pode existir na cabeça dela. Aprendi a parar durante o dia e ficar quieta. Meus amigos em recuperação ensinaram-me a humilde Oração da Serenidade. Sempre que se sentir confuso, em dúvida, indeciso, você pode simplesmente parar, aquietar a barulheira e, no silêncio, dizer: "Deus, dê-me serenidade para aceitar as coisas que eu não posso mudar, coragem para mudar as coisas que posso e sabedoria para diferenciá-las".

Pratico o silêncio todos os dias. É como um caixa eletrônico. Você não consegue sacar dinheiro da máquina se não o tiver depositado no banco. Se você faz depósitos com frequência, haverá dinheiro quando precisar. Passo os primeiros 30 minutos do dia sozinha com Deus. Invisto diariamente em paz e silêncio. Em todas as manhãs, minha primeira meia hora pertence a Deus. É o momento mais valioso do dia. A coisa mais importante que faço. Confiro minhas fontes de amor, criatividade, inspiração e beleza. Conecto-me a minha fonte de energia.

Você transformará sua vida ao se comprometer com isso. Normalmente, nada acontece durante esse momento. Apenas fico parada na presença de Deus e, de algum modo, mais adiante, quando eu mais preciso, a paz vem até mim.

Descobri que a melhor maneira de diminuir o barulho é aumentando o silêncio.

LIÇÃO 47

Para ser um canal de paz, você precisa permanecer aberto

Um dia, dois estranhos passaram por nossa rua. Dois garotos, prestes a se tornar adolescentes, meninos que eu nunca havia visto pelo bairro. Um deles arrancou uma das hastes de nosso removedor de neve do chão e começou a girá-la em nosso quintal.

Fiquei observando da escada, com medo de que eles fossem roubar alguma coisa. Esperei o pior somente porque não os conhecia. Será que eles estariam de olho nas casas que pudessem assaltar? Será que eles quebrariam uma janela com a haste?

Antes que eu pudesse decidir o que fazer, meu marido já estava no quintal cumprimentado a dupla: "E aí, meninos, tudo bem? A gente precisa disso para remover a neve, então vocês vão ter de colocar de volta no lugar".

Após a conversa, eles devolveram a haste e depois pularam a cerca do vizinho para pegar um atalho de volta para casa. Fiquei olhando até sumirem de vista, ainda desconfiada de seus motivos.

Durante todo o dia me senti culpada por ter pensado o pior. Quando criança, eu também cortava caminho pelo quintal dos vizinhos. Assim como minha filha o faz. Costumávamos rir de uma vizinha mais velha que morava na rua e cruzava o quintal de todo mundo, mas ficava furiosa quando as crianças cortavam caminho pelo dela.

Em outra ocasião, pensei o pior quando identifiquei um grupo de garotos com calça de cintura baixa em uma farmácia. Eles cochichavam alguma coisa. O primeiro pensamento que me veio à mente? Assaltantes.

Meu marido, que sempre procura o melhor em todo mundo, começou a conversar. Ele ficou sabendo a escola onde eles estudavam e que notas tiravam.

Quando cheguei ao caixa, me faltavam 25 centavos. Gritei para meu marido me dar o dinheiro. Ele não me ouviu, mas um dos meninos escutou. Ele veio em minha direção, procurou no bolso e me entregou uma moeda. "Aqui está, senhora", disse ele.

Meu coração derreteu.

Por que, às vezes, espero o pior de pessoas que não conheço? Questiono o comportamento delas quando deveria questionar o meu. Fecho meu coração e imagino que de alguma forma isso vai me deixar mais segura.

Fico pensando se o coração das outras pessoas também se fecha quando eu falo alto demais ou solto um palavrão ou faço comentários sarcásticos para parecer inteligente. Elas se fecham quando eu ouço música country em um volume elevado ou toco a buzina do carro para cumprimentar e me despedir de familiares e amigos?

George Bernard Shaw escreveu que o grande segredo não é ter bons ou maus modos, mas ter os mesmos modos que todo mundo. O que aconteceria se todos esperássemos que os outros fizessem coisas boas, e não ruins? Como seria o mundo se mantivéssemos nosso coração aberto a todas as pessoas?

Cresci cantando um hino de louvor a São Francisco, "Make me a Channel of Your Peace" [Faça de mim um canal de sua paz], na igreja aos domingos. Mas eu nunca soube como realmente ser um canal. Todas as manhãs repito essas orações para declarar minha missão, mas suas palavras ficaram mais claras depois que minha irmã Joan me enviou uma cópia do livro *The Untethered Soul*, de Michael Singer.

Ele escreveu que todos nós desenvolvemos a vida de modo a nos protegermos da dor e das outras pessoas e, por consequência, da própria vida em si. Nós nos fechamos em relação aos outros para nos protegermos, mas, no fim, em vez de nos tornarmos livres, nos transformamos em prisioneiros de nossos medos. Aprisionamos dentro de nós mesmos uma pessoa assustada que não consegue crescer.

Como permanecermos abertos? Michael Singer diz que o segredo é acabar com o isolamento. O sofrimento oriundo dos bloqueios no coração é provocado pelo medo. O escritor Emmet Fox comparou a abertura do canal espiritual a uma mangueira de água. Quando você a utiliza para molhar o gramado, existe uma inesgotável fonte de água que flui pela mangueira a não ser que alguma coisa a bloqueie. Quando alguém pisa ou dobra a mangueira, por exemplo, a água vai parar de fluir. O elemento e sua fonte ainda estão lá, mas o canal está bloqueado.

Passei a maior parte de minha vida adulta tentando me proteger da dor. Eu era excelente em me fechar, mas descobri que o mundo é um lugar repleto de possibilidades quando nos mantemos abertos. Essa atitude o transforma em um lugar mais mágico. Vou contar sobre a noite de inverno em que uma mulher abriu seu coração e deflagrou uma reação em cadeia.

Naquele mês de março, eu havia planejado ir ao Festival Internacional de Cinema de Cleveland com meu marido, mas a maior parte das ruas estava fechada. A camada de neve era tão espessa que quase ninguém se aventurava a sair. Sabíamos que o carro não chegaria à avenida e, se chegasse, o resgate não iria conseguir abrir caminho até lá. Além disso, não haveria nenhum reboque disponível em uma noite como aquela. Somente um tolo sairia dirigindo naquela situação. Ou pelo menos foi o que eu imaginei.

Meu marido concordou, mas depois de algumas horas anunciou: "Vamos sair para comer, podemos ir caminhando". Caminhando? Meu marido caminhando? Pensei em medir sua febre. Mas o que ele tinha era uma espécie de claustrofobia. Passar uma noite de sábado em casa seria demais para aquele ser extrovertido.

Ele vestiu um casaco que parecia um edredom com mangas. O esquimó precisava olhar no espelho para conseguir fechar todos os zíperes, velcros e botões.

Avançamos com dificuldade pela calçada e andamos lentamente até o Nighttown, um clube de jazz e restaurante a cerca de um quilômetro de casa. Estava escuro e as ruas se encontravam desertas, com algumas poucas figuras fantasmagóricas. Não víamos carros.

Nós nos esquentamos enquanto comíamos no restaurante, conversamos um pouco com os funcionários e fomos embora. Eu queria sair e chegar em casa o mais rápido possível. Tínhamos que enfrentar uma subida, e meus jeans congelados haviam derretido no restaurante e agora estavam ensopados.

Por meio da névoa esbranquiçada enxergamos três pares de luzes de freio acesos, como se fossem olhos vermelhos. Uma SUV e uma van haviam parado para ajudar um carro que ficara preso na subida. O automóvel não conseguia aderência para seguir pela neve e suas rodas patinavam. "Que idiota saiu para dirigir em uma noite dessas?", pensei comigo.

Uma senhora abriu o vidro do carro. Tentei ajudá-la a manobrar, mas o Cadillac estava sem tração. O carro parava a cada meio metro, nunca iria conseguir subir aquele morro. Ela estava indo para casa, a uns 15 quilômetros de distância. Por que havia saído em uma noite daquela?

"Trabalho na Clínica Cleveland o dia inteiro", contou. "Sou enfermeira."

Enfermeira, meu Deus. Tínhamos de ajudá-la a chegar em casa. Olhei para o morro. Mesmo que ela conseguisse atravessá-lo, poderia ficar parada em outro ponto da estrada. E não haveria mais ninguém para ajudá-la. Meu coração ficou pesado.

O homem da SUV pegou uma longa correia. Ele queria puxar o carro morro acima, mas não conseguia prendê-lo. A mulher na van assumiu o controle. Ela se chamava Angela. Mandou a enfermeira para o banco do passageiro e assumiu o volante. Angela gritou para meu marido entrar na van e subir o morro com o carro. Eu não tinha muita certeza do que fazer, então entrei no banco de trás.

A van atracou-se suavemente no carro e o rebocou devagar até o alto do morro. Em vez de parar no alto para que pudéssemos voltar, Angela continuou dirigindo e meu marido foi atrás. Ele não tinha a menor ideia de quem era a van nem para onde estávamos indo. Muito menos eu.

Loretta, a enfermeira, tinha 75 anos e trabalhava em sua atual profissão há 51 anos. "Se eu me aposentar, posso simplesmente me esquecer de sair da cama de manhã", confidenciou.

A van de Angela estava cheia de pacotes de *New York Times* que ela entregava às lojas. Em nenhum momento tocou no assunto, mas aquele desvio até a casa de Loretta a atrasaria e atrapalharia toda sua noite. Angela sorria e conversava como se não houvesse nenhuma outra coisa a fazer no mundo.

Nosso pequeno comboio subiu pelo morro e seguiu adiante, por todo o caminho até a casa de Loretta, a 15 quilômetros dali. Levamos mais de uma hora para chegar. A enfermeira quis dar uma nota de 20 dólares para cada um de nós. Todos nós devolvemos o dinheiro. Ela estava agradecida, e nós estávamos gratos a pessoas como ela, que sai para cuidar de estranhos em um dia no qual teria sido mais fácil dizer que não dava para sair de casa.

Todos nós nos despedimos. Eu e meu marido entramos na van, atrás dos montes de jornais, e fomos rindo pelo caminho inteiro enquanto uma estranha nos levava de volta para casa.

LIÇÃO 48

O trabalho de Deus não será levado adiante por covardes

Na tela do computador onde escrevo minhas colunas e meus livros, mantenho um post-it rosa: "Deus não verá sua obra ser realizada por covardes". Essa frase repele meu medo paralisante e me lança ao trabalho. A citação de Ralph Waldo Emerson é como o dedo do Tio Sam apontando para mim no famoso pôster de recrutamento militar.

É minha versão para o ditado "sinta o medo e vá em frente mesmo assim".

Um amigo, certa vez, me confidenciou: "Eu era bom com o esqui aquático, porque tinha medo da água". Enquanto o medo impede muitos de entrar em ação, ele pode na realidade ser um fator de grande motivação. Esse sentimento não deve paralisá-lo, mas levá-lo adiante. Às vezes, seguro em sua mão e digo: "Vamos lá, medo, vamos passear". Trato-o como uma companhia com a qual tenho de conviver, mas não vou permitir que me enlouqueça. Carrego-o comigo enquanto escrevo. A ação é um grande antídoto contra o medo.

Muitos de nós sentimos medo e acionamos o freio. O slogan de campanha "Não fique no quase. Doe" é poderoso, porque nos identificamos com ele. Muitas vezes, chegamos perto de ajudar alguém, mas o medo triunfa sobre nossa compaixão. Falamos a nós mesmos para sermos mais úteis, generosos, conscientes ou poderosos. Mas não é possível mudar o mundo esperando que os outros façam alguma coisa.

Então, como migramos do medo para a ação? Às vezes, damos muitos pequenos passos; outras vezes, passos gigantescos. Às vezes, a fé se manifesta e o medo vai embora, mas em algumas ocasiões a fé e o medo andam de mãos dadas por uma parte do caminho.

Meus amigos em recuperação, que frequentam os Alcoólicos Anônimos, me ensinaram a fazer uma lista de meus medos, colocá-los de maneira clara e enfrentá-los de uma vez por todas. O passo seguinte é mostrar a lista a alguém digno de sua confiança e conversar sobre as causas e as condições de cada um. Então, é hora de rezar para que os medos sejam removidos.

Tento praticar o contrário do medo. Meu músculo do medo é um pouco superdesenvolvido; já meu músculo da fé se parece mais com o braço de um fracote. Tenho de exercitar e praticar a fé com uma citação maravilhosa: "A vontade de Deus jamais o levará aonde a graça de Deus não seja capaz de mantê-lo".

Sou constantemente inspirada pelas pessoas que conheço e encontraram coragem para mudar as coisas que podiam mudar, muitas vezes contra todas as probabilidades.

Conheci Melinda Elkins depois do assassinato de sua mãe. Alguém estuprou e espancou sua mãe e sua sobrinha, mas esta última sobreviveu ao ataque. A menina estava passando a noite na casa da avó em Barberton, Ohio.

A polícia prendeu o marido de Melinda, Clarence, pelo assassinato. Um júri o condenou com base no depoimento da sobrinha de apenas seis anos, que fez relatos conflitantes sobre o que vira no escuro. Jamais houve evidência física conectando Clarence ao crime. A promotoria estruturou toda a acusação do assassinato no depoimento da sobrinha traumatizada que, posteriormente, retirou o testemunho.

A vida de Melinda virou de cabeça para baixo. Ela estava em luto pela mãe ao mesmo tempo que tinha o marido na prisão. Sempre acreditou na inocência de Clarence quando ninguém mais acreditava. Durante os sete anos em que ele esteve preso, a mulher usou seu poder para atormentar advogados, juízes e policiais, impelindo-os a reabrir o caso e investigar novamente. Em meio a tudo isso, perdeu sua casa em um esforço para sustentar, sozinha, os dois filhos. Não contava com a menor experiência em justiça criminal, somente a paixão pela verdade e o poder da promessa feita a sua mãe de encontrar o verdadeiro assassino.

Melinda examinou todos os ângulos do caso. Estava intrigada com o fato de que sua sobrinha, quando acordou após o crime, tocou a campainha da vizinha em busca de ajuda, mas essa mulher nunca conversou com a polícia. Na ocasião, fez a menina esperar do lado de fora, pegou sua bolsa e depois a levou para casa. Melinda não entendia por que a mulher não havia telefonado para a polícia nem deixado a menina entrar. Essa dúvida fez com que ela investigasse o namorado da vizinha, Earl Mann. Ele morava com essa mulher e as três filhas. Quando Melinda descobriu essa informação, Earl estava preso por abusar das próprias filhas. Por ironia do destino, o rapaz estava preso na mesma cadeia que Clarence. Um dia, Earl terminou de fumar um cigarro e Clarence recolheu a bituca. Ele a enviou para casa e Melinda pediu a advogados que realizassem um teste de DNA. O exame genético de Earl batia com o DNA encontrado na cena do crime.

O marido de Melinda foi libertado depois de passar sete anos na cadeia.

Outro homem saiu da prisão após 20 anos no corredor da morte, quando um padre recorreu à fé para falar em sua defesa. O padre Neil Kakoothe visita os condenados à morte presos em Ohio para lhes fornecer auxílio espiritual. Ao intuir que Joe D'Ambrosio pudesse ser inocente, o padre Neil recolheu caixas de arquivos e investigou o caso por conta própria.

Ele encontrou tantas falhas no processo que os tribunais garantiram ao réu um novo julgamento. Descobriu-se que, no julgamento original, a promotoria ocultara dez importantes evidências, informações que em nenhum momento haviam sido encaminhadas ao júri e que levariam ao veredicto de inocência.

Joe precisava de um lugar para morar enquanto aguardava um novo julgamento. Não tinha para onde ir, porque perdera sua família no tempo em que esteve na prisão. Uma viúva e avó de quatro crianças que mal o conhecia abriu sua porta. Rosalie Lee se tornara amiga de Joe quando a filha dela o conhecera por intermédio de amigos, anos antes de ele ser condenado por homicídio.

Durante anos, Rosalie visitou Joe no presídio de segurança máxima onde era mantido. Ele recebia poucas visitas. Seus pais estavam mortos e suas irmãs moravam na Flórida. Durante 20 anos, Joe chamou Rosalie de mãe. Em seus aniversários, Rosalie comprava um cupcake e pequenos pretzels; ele só não podia apagar velinhas.

"Ele é o filho que eu nunca tive", contou-me Rosalie. Seu marido, que também se chamava Joe, já havia morrido. Quando ia ao cemitério nos feriados, ela depositava flores em seu túmulo e no dos pais de Joe.

O juiz autorizou Joe a morar na casa de Rosalie enquanto aguardava o novo julgamento. Ela arrumou um pequeno quarto para o rapaz, com televisão, telefone e aparelho de som. Rosalie teve de abrir mão de seu identificador de chamadas e do serviço de espera para que o telefone pudesse acomodar o sistema de monitoramento eletrônico do réu.

Meses mais tarde, um juiz decidiu que não havia necessidade de um novo julgamento. Joe D'Ambrosio era um homem livre. O padre Neil considerava Rosalie uma bênção. "Ela não se limita a escutar o Evangelho", comentou. "Ela o vive."

É preciso ter uma coragem especial para se abrir a pessoas que o mundo preferiria ignorar.

"Estou tentando apenas ser uma boa cristã", disse Rosalie.

É necessária verdadeira bravura.

LIÇÃO

49

Deixe um legado que o tempo não seja capaz de apagar

É impressionante quanto se pode aprender sobre uma pessoa em seu enterro.

Funerais são capazes de nos fazer avaliar nossa própria vida, de examinar até onde fomos, para onde nos dirigimos e o que vamos deixar para trás quando a viagem terminar.

Na época em que o marido de minha amiga Margi morreu, eu soube que aquele homem silencioso tinha uma risada tão espontânea e alta que ninguém era capaz de esquecer. Greg Lofaro trabalhava no programa de aconselhamento da Universidade Estadual de Kent, onde foram gravadas fitas em áudio para treinamento. No enterro, as pessoas contavam que normalmente reutilizavam as fitas, mas as gargalhadas de Greg eram tão sonoras que não podiam ser apagadas.

Certa vez, em um retiro, uma mulher comentou que estava em um enterro quando uma menina de nove anos participou do discurso fúnebre. Todo mundo segurou a respiração no momento em que a menina se aproximou do microfone. "A vovó usava batom e dirigia com a capota abaixada." E era isso. Uma grande maneira de descrever o entusiasmo da avó pela vida.

Quando meu tio Jack morreu, aos 76 anos, o discurso de despedida ficou por conta de meu primo Mike. Tio Jack era um homem de fala mansa que não incomodava ninguém com perguntas sobre o que fazer da vida depois da faculdade ou por que a pessoa ainda estava solteira depois dos 30 anos. Só percebi como não sabia quase nada de sua vida no dia do enterro.

Descobri que meu tio, criado durante a Grande Depressão, nunca teve dinheiro para cursar uma faculdade, mas insistiu que os quatro filhos estudassem. Eles brincavam que a primeira frase que aprenderam a falar quando crianças era "ir para a faculdade". Todos se formaram no ensino superior.

Descobri que meu tio era um gênio em matemática e ocupava um cargo cujo título era Diretor de Projeções Financeiras da TRW. Certa vez, foi investigado pela Receita Federal, porque o governo não conseguia acreditar que um homem com três filhos na faculdade conseguia doar tanto dinheiro para obras de caridade.

Tio Jack aposentou-se depois de trabalhar 43 anos na mesma empresa, mas seu histórico profissional quase não foi mencionado. Seu valor pôde ser medido pelo número de netos que se aglomeraram ao redor do microfone para cantar "Did you ever know you are my hero?". Seu valor pôde ser medido pelo "filho" que adotou quando seus próprios filhos já eram adolescentes. O menino havia perdido o pai e a mãe. Tio Jack e tia Kate o criaram como se fosse filho deles.

Seu valor pôde ser medido pelo tamanho de seu coração, não pelo patrimônio físico que deixou para trás.

Muitas vezes, nos pegamos avaliando nossa vida pela aparência, pelo desempenho ou pela impressão que nossas conquistas provocam nos outros. Estabelecemos metas de cinco anos para aumentar a renda, construir a carreira, aumentar nossa aposentadoria. Imaginamos o sucesso ao comprarmos um carro mais veloz, uma casa maior ou quando nos formamos na faculdade.

A medida do valor de meu tio podia se resumir a três aspectos: sua fé, sua família e sua disposição em ajudar aos outros. Sua neta leu uma passagem de *Fahrenheit 451*, de Ray Bradbury, na qual o autor diz que, mesmo anos depois da morte de um avô, se procurarmos bem fundo, conseguiremos encontrar uma marca deixada por ele.

Quando tocamos profundamente as pessoas, deixamos um legado que o tempo não pode apagar.

Então, o que elas vão dizer em seu enterro? Quais histórias as pessoas vão contar depois que sua vida acabar? Qual legado você vai deixar?

Muitas pessoas sugerem que você mesmo escreva seu próprio epitáfio, panegírico ou obituário, e depois viva para cumpri-lo. Ler sua própria morte é capaz de mudar sua vida. Foi o que aconteceu com Alfred Nobel, famoso em sua época pela invenção da dinamite. Quando da morte do irmão, o jornal confundiu os dois homens e publicou o obituário de Alfred, em vez de relatar a vida do irmão. O texto dizia: "O dr. Alfred Nobel, que enriqueceu após desenvolver meios de matar um maior número de pessoas mais rápido do que em qualquer outra época, faleceu ontem".

Quando leu seu próprio obituário, Alfred percebeu que seria lembrado pela criação de algo que destruía vidas. Então, fundou o Prêmio Nobel, destinando a maior parte de seu patrimônio – um fundo de 9 milhões de dólares – para outorgar os prêmios.

Eles passaram a ser concedidos anualmente para avanços em diversas áreas, da medicina à paz. Hoje, seu nome é lembrado pela celebração das maiores façanhas da humanidade.

Não é preciso criar ou ganhar um Prêmio Nobel para continuar a ser lembrado muito tempo depois de sua morte.

Andy Berry, que era chamado de Guardião, era um guarda-florestal no Acampamento Manatoc, em Ohio. Ele fazia inspeções para certificar-se de que nenhuma barraca estava danificada, que os telhados das cabanas não tinham vazamento e que a canoa não ia encher de água. Além disso, ensinou milhares de meninos a usar um machado, a afiar canivetes, a fazer fogueiras e a preservar a floresta para as outras pessoas.

Ao longo de 25 anos, trabalhou todos os fins de semana no acampamento de escoteiros. E estava sempre sorrindo. Não deixava de sorrir nem quando algum menino entrava escondido com uma lamparina a gás, abria buracos em uma barraca ou se esquecia de limpar alguma cabana. Era o segundo pai de meninos que não tinham ninguém que os ensinasse a conferir o óleo do carro, consertar um cortador de grama ou arrumar um cano quebrado. Seu objetivo era fazer com que todos os escoteiros tivessem ótimos momentos sem se machucarem. Ele foi criado em uma fazenda e precisou abandonar a escola no nono ano para trabalhar e ajudar a família. Sempre garantia que outros meninos tivessem a oportunidade que ele nunca teve.

Alice Hamill Hartman era professora na pequena cidade de Minerva, em Ohio. Não era uma alma velha e frágil, apesar de ser uma mulher pequenina de óculos e cabelos bagunçados. Caminhava pelas salas rindo e parando para dançar. Em seu aniversário de 85 anos, enquanto substituía uma professora do quinto ano, ela decidiu comprar presentes de aniversário para todos os alunos, e então percorreu 20 quadras até a loja. Quando faleceu, aos 99 anos, a primeira história mencionada no obituário falava de quando Alice, já na casa dos 80, quebrou uma perna ao cair de uma macieira. Ela ensinou todo mundo a celebrar a vida.

Henry Luckhardt foi criado na Virgínia Ocidental. Tinha apenas cinco anos quando sua irmã Rose derrubou uma panela de água fervendo do fogão e se queimou. A menina de apenas sete anos morreu em consequência das queimaduras. Henry trabalhou em minas de carvão antes de se mudar para Akron e entrar para o Exército, onde ganhou estrelas de bronze na Normandia, em Ardennes e na Renânia. Tempo depois, construiu uma casa modesta e trabalhou em uma fábrica de pneus até se aposentar, em 1962. Era um homem de cidade pequena que nunca gastou um centavo que fosse consigo mesmo. Sempre usava camisas compradas há muito tempo e calças com marcas de desgaste nos joelhos. Ele gastava apenas 15 dólares por semana no mercado. Por incrível que pareça, dirigiu um Oldsmobile 1972 que durou até 1999, quando morreu, aos 91 anos. O carro havia rodado apenas 32 mil quilômetros em todos aqueles anos.

Todo mundo ficou em choque quando ele morreu e deixou 1,4 milhão de dólares para o centro de queimaduras do Hospital Infantil de Akron. O homem de poucas posses investiu todo seu esforço para deixar uma fortuna em benefício de crianças como Rose.

Também houve Randy Stang, que, certa noite, pronunciou o grande discurso de sua vida em sua cidade natal, Bay Village, Ohio. Outras pessoas estavam lá para reclamar de um projeto de um parque para skates e bicicletas. Não o construam no meu quintal, diziam elas. Randy fez um discurso apaixonado em favor do parque, dizendo que ele morava perto do parque e não se importava com o barulho nem com as luzes das quadras de basquete, ou com os discos, as bolas de golfe e de beisebol que se perdiam em meio a seu quintal.

"Sou a favor do parque para skates e bicicletas", disse ele aos presentes. "Fico pensando se os cidadãos contrários ao parque não têm netos nem filhos ou não são crianças."

Ele era a favor do parque para skates e bicicletas, e por esse motivo convidou a prefeitura para construí-lo perto de sua casa. "Vocês podem construí-lo logo ao norte da quadra de beisebol, provavelmente a menos de 20 metros de meu quintal."

Então, ele parou de falar. Logo depois de ficar em silêncio, caiu. Um médico e uma enfermeira tentaram trazê-lo de volta. Randy Stang tinha 55 anos. Deixou a esposa e quatro filhos. E um legado para todos nós, com novas palavras com as quais viver.

Constantemente, ouvimos as pessoas afirmarem, quase em tom de ameaça: "Não no meu jardim". Talvez você já tenha dito isso. Confesso que eu mesma já disse. Qual é a mensagem de Randy? Eu acredito em minha comunidade e nos filhos das outras pessoas; portanto, desenvolva o parque perto de meu quintal. Quando o povo de Bay Village aprovou a construção, o parque foi batizado em homenagem a Randy.

Eu amo o conselho de São Francisco de Assis a seus seguidores:

> Não percas de vista o fim da vida. Não esqueças de teu propósito e destino como criatura de Deus. O que tu és à vista Dele é o que tu és, e nada mais.
>
> Não permitas que as preocupações e as ansiedades mundanas, assim como as pressões do ofício, maculem a vida divina

que habita dentro de ti ou calem a voz do Espírito de Deus a guiar tua missão maior de conduzir a humanidade à plenitude. Se te abrires a Deus e ao plano divino profundamente implantado em teu coração, Deus se abrirá a ti. Lembra-te que quando deixares esta terra não poderás levar contigo nada do que recebeste – sinais efêmeros de honra, paramentos do poder –, mas apenas o que te foi dado: um coração pleno enriquecido por honesto serviço, amor, sacrifício e coragem.

A questão é o modo como se vive a vida. Você é dono de um legado que o tempo não pode apagar, porque está gravado no coração das pessoas.

LIÇÃO 50

Se você acordou hoje, o plano de Deus para você ainda não chegou ao fim

Quantas pessoas são necessárias para mudar o mundo?

Uma.

Não importa quanto dinheiro você possua, quanto tempo tenha disponível ou de quanta energia dispõe. Você nunca está velho, doente ou sem condições financeiras a ponto de não ser útil a Deus. Costuma-se dizer que o homem termina onde Deus começa. Quando me sentia mal por causa dos tratamentos diários de rádio e quimioterapia, todas as manhãs estas palavras me inspiravam a sair da cama e viver a vida: "Se você acordou hoje, o plano de Deus para você ainda não chegou ao fim".

Colei essas palavras em meu livro de meditação matinal depois de lê-las em um artigo de jornal. Você não acabou até Deus dizer que acabou. Se você ainda está aqui, existe um motivo.

Talvez, mais de um.

Meus amigos na recuperação costumam participar do fim de semana anual em homenagem aos fundadores dos Alcoólicos Anônimos, que acontece sempre em junho. A sociedade teve início em Akron, Ohio.

Três retratos são colocados em molduras de frente para o palco, onde milhares de pessoas de todo o mundo homenageiam os fundadores do AA. Há uma imensa fotografia em preto e branco de Bill Wilson, que fracassou miseravelmente como corretor de ações. Há uma foto do tamanho de um pôster do dr. Robert Smith, cujas mãos tremiam durante as cirurgias por causa do uísque. Há também uma enorme imagem da irmã Maria Inácia, que era professora de música até sofrer um colapso mental. Por esse motivo, foi afastada de suas funções e realocada para atividades inofensivas, como dirigir a floricultura de um hospital. Ela acabou ajudando o dr. Bob a tratar pacientes alcoólatras, que eram vistos de uma nova perspectiva: a de que pessoas com uma doença chamada alcoolismo podiam realmente ser tratadas.

Quando os três chegaram ao fundo do poço, foram chamados a ascender a algo maior do que jamais haviam imaginado. Juntos, ajudaram a fundar uma comunidade espiritual que salvou a vida de milhões de pessoas. Nosso fracasso pode, na verdade, ser o início da obra de Deus. Você não terminou até Deus dizer que terminou. Talvez já esteja cansado, mas Deus pode estar apenas começando.

Nunca desista de si mesmo, daquilo que somente você pode oferecer ao mundo. Enquanto estiver do lado certo do gramado, você ainda será necessário para este mundo.

Conheci Ella Mae Cheeks Johnson quando ela tinha 101 anos de idade. Já havia viajado para 30 países e enterrado dois maridos. Ella Mae revirou um monte de papéis e encontrou o discurso que proferiu ao completar 90 anos. Não, não era aquele. Aquele era o de 95. Não, também não era esse.

Ela achou o discurso que proferiu ao fazer 100 anos. Sua cadeira de rodas era quase incapaz de deter sua energia. Arrastava os pés pelo chão para navegar em meio às estantes de livros. E havia acabado de ler *Confessions of an Economic Hit Man*.

Eu a conheci em 2005, pouco depois de ela ter recebido o prêmio de Ilustre Ex-aluna da Escola Mandel de Ciências Sociais Aplicadas, na Universidade Case Western Reserve. Na ocasião, ela era a mais velha pessoa viva graduada no curso. Quando o reitor foi visitá-la, Ella estava lendo o relatório da comissão que investigou os atentados de 11 de Setembro.

"Eu queria saber o que eles haviam descoberto", contou.

Em seu centenário, imprimiu a lista de seus livros prediletos e a repassou aos convidados. Um quadro do Bom Samaritano que ela pintou aos 81 anos estava sobre sua cômoda. O conto bíblico sobre o homem que parou para ajudar um estrangeiro espancado, que todos os demais ignoraram, moldou sua vida como um todo.

Os primeiros bons samaritanos na vida de Ella Mae foram seus vizinhos, o senhor e a senhora Davis. Eles se tornaram seus pais no dia em que a mãe faleceu, quando ela tinha apenas quatro anos. Ela se formou em francês, mas na época as mulheres negras não eram autorizadas a lecionar francês, então ela se tornou assistente social.

Ella Mae mudou-se para Cleveland e obteve seu mestrado em 1928. Trabalhou no departamento de bem-estar da cidade e, certa vez, ajudou uma mulher chamada Louise Stokes, cujo filho Louis mais tarde se tornaria congressista e o irmão, Carl, o primeiro prefeito negro de uma grande cidade norte-americana.

Aquele quadro é a última coisa que ela vê todas as noites antes de dormir e a primeira que enxerga ao acordar. É o desafio pelo qual Ella Mae Johnson vive. Sua versão do "Sim, nós podemos".[6]

Ao completar 105 anos, viajou a Washington para assistir à posse do primeiro presidente negro da história dos Estados Unidos. Ella Mae morreu em 2010, logo depois de seu livro de memórias, *It Is Well with My Soul: The Extraordinary Life of a 106 Year Old Woman*, ter sido publicado. Em todos os seus anos de vida, nunca teve um plano. Ela levou o plano adiante.

Evelyn Boyd tinha o direito de ficar parada sem fazer nada, se assim o quisesse. Quando a conheci, ela tinha 92 anos, dos quais 33 haviam sido dedicados ao ensino de música, a maior parte em escolas públicas de Cleveland. Sempre se incomodou com o fato de alguns alunos não conseguirem ler as palavras das canções que ensinava.

Ela poderia ter se isolado como uma viúva solitária e se prendido a cada centavo que possuía. Em vez disso, trabalhava como voluntária na Clínica Cleveland e na Sociedade para Cegos. Investe 30 dólares por exemplar na compra de livros para crianças que jamais conhecerá. Sempre que recebe o catálogo da Daedalus Books, verifica as sinopses de todos os livros e encomenda os que considera melhores. Então, os envia diretamente a um pediatra que dirige um programa chamado Reach Out and Read [Estenda a mão e leia]. Evelyn já doou mais de 500 livros novos.

O dr. Robert Needlman iniciou o programa depois de ter percebido que a sala de espera do centro médico em Boston

---

6 Slogan de campanha de Barack Obama nas eleições presidenciais dos Estados Unidos em 2008. (N.T.)

não dispunha de livros para as crianças lerem enquanto esperam a consulta. Os funcionários observaram que as crianças roubavam os livros, então pararam de deixá-los no espaço. O fato de as crianças quererem tanto ler os livros a ponto de levá-los para casa inspirou Needlman a comprar títulos para presentear todas as crianças examinadas na clínica.

Além disso, o doutor recrutou alguns voluntários para lerem as histórias em voz alta na sala de espera. Foi assim que ele e Barry Zuckerman deram início à organização nacional sem fins lucrativos Reach Out and Read há mais de 20 anos. Ambos queriam ver todas as crianças crescerem com a oportunidade de amar a leitura. E Evelyn também.

"Tive uma vida boa, mas não para mim. Nós não estamos neste mundo apenas por nossa causa. Estamos aqui para ajudar os outros também."

Estamos aqui para levar uma vida pelos outros. Os jesuítas me ensinaram a embasar a vida no princípio e fundamento que Santo Inácio de Loiola pregou: conhecer, amar e servir a Deus, e estar sempre contente com o Criador. Tudo aqui é uma dádiva criada para que experimentemos Deus mais plenamente. Estamos aqui para desenvolver nosso crescimento ou abandonar essas dádivas se elas o diminuírem.

Santo Inácio de Loiola propagou que temos de permanecer indiferentes e desapegados em relação a tudo se não tivermos clareza quanto à melhor escolha. Não devemos preferir a saúde à doença, uma vida longa em detrimento de outra mais curta, a riqueza à pobreza. É importante servirmos a Deus em qualquer situação, estejamos doentes ou saudáveis, jovens ou velhos, ricos ou pobres. Devemos somente desejar que isso engrandeça nosso crescimento espiritual.

O câncer ensinou-me a amar a vida independentemente das circunstâncias. Trata-se de uma doença assustadora, mas com suas próprias dádivas. O câncer o mergulha de cabeça na vida. De vez em quando alguém ainda pergunta: "Você está em remissão?". As pessoas querem saber se estou curada. Meu prognóstico é o mesmo que o de qualquer pessoa que já tenha passado por um câncer e o mesmo de alguém que nunca teve a doença.

Precisamos viver todos os dias de nossa vida.

Depende de nós, e não do câncer ou de qualquer doença, deficiência ou percalço na vida. A maior parte das pessoas com câncer não morre de câncer. Não é que elas ouvem o diagnóstico, vão para casa, deitam na cama e esperam a morte chegar. Elas convivem com a doença. Passam por ela. Vivem apesar dela. Vão para o trabalho. Criam os filhos. Saem para pescar. Fazem amor. Plantam jardins.

Durante anos uma mulher amável da redação trabalhou diariamente com um câncer terminal. Ninguém diria que havia algo errado com Arlene Flynn. Seus cabelos eram perfeitamente penteados, sua maquiagem era irretocável e ela tinha um sorriso maior que o de todo mundo. Não parecia uma mulher prestes a morrer. Quando descobri que ela tinha câncer e tentei consolá-la, ela apenas sorriu e me contou de todas as pessoas interessantes que conhecera na semana que teve de passar pela quimioterapia. Fez aquele momento parecer uma festa.

Arlene encontrou tanta vida dentro de si que em seu enterro tive dificuldade de acreditar que ela tivesse realmente morrido.

No entanto, todos nós temos uma vida que um dia acaba, com prazo de validade. Ninguém, nem mesmo o melhor médico do mundo, possui a fórmula mágica para calcular o dia e a hora em que vamos morrer. Os médicos deram seis meses de vida para meu pai. Ele viveu apenas algumas semanas. Os médicos deram um ano de vida a uma mulher que conheço. Dez anos depois, ela ainda está por aí.

Ninguém sabe quando a morte irá chamar, nem mesmo quem recebeu um diagnóstico de câncer.

Nós só temos de fazer com que todas as horas da vida valham a pena.

Agradecimentos

Para escrever um livro, é preciso silenciar as vozes interiores que ficam gritando que você não pode terminar ou sussurrando que não deveria ou provocando, dizendo que nunca vai conseguir terminar.

Sou eternamente grata a…

Todos os meus familiares e amigos, que fizeram suas vozes soar mais alto do que toda a dúvida que havia dentro de mim. O apoio irrestrito e o amor são impagáveis.

Meu marido, Bruce Hennes, que não se incomoda de dormir sozinho quando a inspiração me mantém acordada até as três horas da manhã. Fico muito feliz com a profundidade de seu amor.

Minha filha, Gabrielle, meu primeiro milagre. Obrigada por todo o amor e pelos risos que compartilhamos diariamente.

Meus filhos, Ben, Joe e James, por seu amor e por sua luz, e por compartilharem comigo seus conhecimentos em computadores, fotografia e mídias sociais.

Meu neto, Asher, por ser minha alegria, e Baby Bubaloo, que vai chegar em breve.

Todos os que compraram e leram meu primeiro livro. Incontáveis escritores que manifestaram apoio, em especial o dr. Michael Roizen, Joe Eszterhas, Jeffrey Zaslow, Dick Feagler, Thrity Umrigar, Dan Chaon e Deepak Chopra.

Meus colegas no *Plain Dealer*, especialmente Barb Galbincea, Chris Quinn, Thom Fladung, Debra Adam Simmons, Shirley Stinemann, Susan Goldberg e Terry Egger, por me proporcionarem liberdade para fazer o melhor trabalho que posso e por me darem permissão para compartilhá-lo neste livro.

Todos aqueles que me permitiram compartilhar suas histórias em minhas colunas e, agora, neste livro. Nunca será possível saber quantas vidas vocês transformaram.

Meus queridos amigos, que me inspiraram e me mantiveram centrada, especialmente Sheryl Harris, Vicki Prussak e Beth Welch.

Minhas fontes de inspiração no Convento das Carmelitas, na Casa de Repouso Jesuíta e no Ponto de Encontro, um centro de cuidados aos pacientes com câncer.

Minha agente e a impressionante equipe da Grand Central Publishing. Obrigada por acreditarem nos dois livros e por irem tão longe a ponto de alcançarmos o topo: a lista dos mais vendidos do *New York Times*. Uau! Tenho grande admiração por todos vocês.

Linda Loewenthal, minha agente na agência literária David Black. Que joia rara você é! Obrigada por me orientar com sua sabedoria, sua paciência e seu entusiasmo. Você estava certa – este era o segundo livro a ser escrito!

Meu publisher, Jamie Raab: seu entusiasmo deveria ser engarrafado e vendido. Minha editora, Karen Murgolo: só você consegue tornar bom, mas muito bom, o sentimento de ser editada.

Carolyn Kurek, por apagar incêndios de pequenas e grandes proporções; Matthew Ballast, Jennifer Musico e Dana Trombley, por levarem a notícia do livro tão longe (ainda recebo e-mails de leitores do Brasil, da Austrália e da China); Philippa White, que faz tanta coisa para me ajudar que talvez eu nem fique sabendo de tudo; Diane Luger, que desenha capas que mais se parecem com presentes; Nicole Bond, por levar o livro para 18 países; Peggy Boelke, que o difundiu a todos os 50 estados norte-americanos; e obrigada a todos aqueles que trabalharam nas vendas e na divulgação, por disseminarem a mensagem da esperança.

Grandes e pequenas livrarias, além de todas as bibliotecas das pequenas cidades, como Ravenna, em Ohio, onde cresci. Obrigada por compartilharem o gosto pela leitura.

E, como sempre, minha infinita gratidão à Fonte de tudo o que há: o Deus da minha alegria.

Este livro foi composto em Dante
para a Editora Planeta do Brasil
em abril de 2013